申告書で確認する

税務調査対策

相続税の テッパン

TEPPAN 50

白井一馬
岡野　訓
佐々木克典
北詰健太郎【著】
村木慎吾
内藤忠大
濱田康宏

中央経済社

はしがき

　2014年に「相続税の鉄則」が発刊されてから、すでに10年が経ちました。その間に、相続税実務を取り巻く環境は大きく変わりました。

　まず税制改正に目を向けると、暦年課税による生前贈与加算が7年に延長され、相続時精算課税制度では年間110万円の基礎控除が新設されました。これらは令和6年1月1日以後の贈与に適用され、今後、多くの納税者が早めに生前贈与を行うと予想されます。実際、税理士や金融機関がそのようなアドバイスを勧める動きが広がっています。

　その結果、過去の贈与が問題となるケースも増えるでしょう。税務調査の観点からは、より古い資料を保存しておくことの重要性が増しています。相続開始前7年以内の贈与が対象ですが、税務調査が相続開始から2、3年後に行われることを考えると、10年前の贈与に関する書類や資料の保存が決定打になる可能性があります。

　生前贈与や事業承継対策の失敗は、相続税の調査段階で露見することが多く、贈与に関する実地調査がなかったからといって安心はできません。特に、名義預金や名義株は税務調査で最も指摘を受けやすい項目です。

　また、最近のトピックとしては国外財産の申告もれに関する報道が増えました。新しい金融分野として被相続人が暗号資産を保有しているケースも今後確実に増えていくでしょう。相続人が故人の口座やウォレット情報を把握していなかったり、納税者が意図的に申告しなかったりする場合も想定されます。税務当局は最近、金融機関や暗号資産取引所からの情報提供を強化していますので、実務家としては見過ごせない問題です。

さらに，株価圧縮スキームが否認されるケースや，タワーマンションを使った節税の否認が報道され話題になっています。通達評価が否認される「総則6項」の適用事例が増えました。そこで，今回の改訂作業では，興味深い事例や実務で話題になりそうなニュースをコラムにまとめています。

　相続税の税務調査は，法人税に比べて経験が少ない税理士が多いと思います。そのため，税務調査に対して不安を感じる実務家も少なくないはずです。昨今の実務動向を踏まえながら，税務調査に耐えられる申告書を作成するための「テッパンの知識」や「テッパンの手続」を網羅することを目標に，勉強会メンバーが休日を利用して議論を重ねながら本書を執筆しました。

　最後に，中央経済社の奥田真史氏には，大変お世話になりました。原稿を辛抱強くお待ちいただいたことに，心から感謝申し上げます。

令和6年11月吉日

著者を代表して

白井　一馬

目　次

1	資料収集	*2*
2	相続人の確定	*10*
3	準確定申告	*14*
4	遺　言	*22*
5	相続税の納税義務者	*26*
6	個人とみなされる納税義務者	*30*
7	信託制度と相続税法	*34*
8	みなし相続財産	*40*
9	相続税の非課税財産	*44*
10	債務控除	*48*
11	基礎控除と相続税の計算	*52*
12	7年内贈与加算・配偶者の税額軽減	*56*
13	未成年者・障害者の税額控除，相次相続控除	*62*
14	法人への遺贈	*68*
15	相続税の補完税としての贈与税の役割	*74*
16	生前贈与と令和5年度改正	*76*

17	財産の名義変更手続	80
18	贈与税の非課税財産	86
19	贈与税と税務調査	90
20	みなし贈与	94
21	贈与税の課税価格と税額の計算	98
22	相続時精算課税の基本	102
23	知っておきたい相続時精算課税の事例	106
24	限定承認があった場合	110
25	申告書の記載方法・作成順序や添付書類	116
26	相続税の申告期限と申告期限の特則	122
27	未分割の場合の注意点	126
28	更正の請求の特則	132
29	連帯納付義務と納税の特例	134
30	延納と物納	138
31	農地等の相続税の納税猶予	144
32	評価の原則	150
33	名義預金と名義株	152
34	土地の評価	156

35	小規模宅地特例の基本	168
36	小規模宅地特例の事例検討	172
37	地積規模の大きな宅地の評価	176
38	非上場株式の評価	184
39	国外財産の評価と申告	192
40	法人版事業承継税制の概要	196
41	非上場株式等についての贈与税の納税猶予（特例措置）	202
42	非上場株式等についての相続税の納税猶予（特例措置）	210
43	医療法人の注意事項	218
44	医療法人の納税猶予	224
45	同族会社オーナーに特有の項目	228
46	相続人の確定申告の注意点	230
47	最近の相続税の調査の傾向	238
48	民法の相続制度の概要	244
49	相続分と相続権	250
50	遺産分割	256

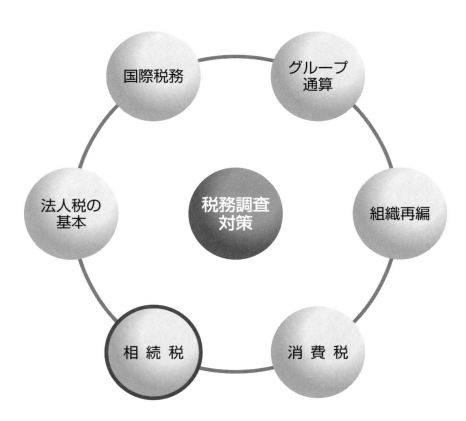

1 **資料収集**

1　あらまし

　相続税の申告業務の3分の1は資料収集といわれるほど，資料収集の準備は重要です。必要資料は，被相続人の状況によってさまざまであり，以下のリストは，その一例です。相続人は相続手続に慣れていないことから，税理士が状況を把握して，適切に資料準備を依頼するべきです。

2　解説とチェックポイント

2―1　人物関連の資料

　被相続人および相続人の戸籍謄本を入手し，相続人および相続分の特定を行います。

　戸籍の入手には，相続人による郵送請求や，税理士会から入手した『戸籍謄本・住民票の写し等職務上請求書』を使った代理請求や相続人から受領した委任状を使用するなど，相続人の入手手続を軽減させる方法もあります。

　また，戸籍等を取得したのち，登記所（法務局）に戸除籍謄本等と，法定相続情報一覧図を提出して，法定相続情報一覧図の写しを入手し，名義変更や相続税申告の添付資料に使用するのが一般的です。

	相続人の戸籍謄本および戸籍の附票（本籍記載住民票）
	被相続人の出生から死亡までの除籍謄本
	遺言書の写し

チェックポイント！

> ■ 相続人の特定に誤りはありませんか。
> ⇒ 相続人の特定は複雑な場合もあり，法定相続情報証明制度を利用して法務局に相続人の範囲および相続分の特定の確認をすることが一般的です。

2－2　不動産関連の資料

　被相続人の所有する不動産を把握するために固定資産税の名寄帳を入手し，権利関係を確認するために登記事項証明書（登記簿謄本）を入手します。また，登記事項証明書や公図は，登記情報提供サービス（https://www1.touki.or.jp）でも入手できます。

	固定資産税の名寄帳（課税台帳）
	登記事項証明書（登記簿謄本）
	賃貸借契約書
	実測図および公図
	建築確認申請書

チェックポイント！

> ■ 固定資産税課税明細に記載されない不動産の有無を確認しましたか。
> ⇒ 固定資産税納付書に添付される課税明細には，評価額のない私道が記載されない場合があります。また，その市区町村に有する固定資産課税標準額の合計が，免税点（土地30万円・家屋20万円・償却資産150万円）未満であれば課税されないことから，納付書が送達されないため，財産の把握からもれる可能性がありますので，注意が必要です。
> ■ 共有名義の不動産の有無を確認しましたか。
> ⇒ 共有名義の不動産の場合，納税通知書の筆頭者に固定資産税納付書が届きますので，被相続人が筆頭者でない場合，相続財産の把握からもれやすいといえます。

2—3　預貯金関連の資料

　被相続人の預貯金は，残高証明書などを使って，相続開始時点の残高を確認するとともに，他の相続人などへの預金移動の有無を預金通帳などで確認します。

　預金通帳を処分している場合は，必要に応じて10年まで取引履歴を取得することができます。

	相続発生日の預貯金残高証明書
	過去の預貯金通帳（必要に応じて相続人分を含む）

チェックポイント！

■　相続開始直前の出金を確認しましたか。
⇒　相続による預金引き出し停止を嫌い，相続開始直前に現金を出金させることは一般的です。直前に引き出された預金は，特段の出金使途がない限り現金として相続財産に計上します。

2—4　事業用資産の資料

　被相続人の事業用資産は，相続財産に該当します。

　動産に該当する減価償却資産は，未償却残高でなく，財産評価基本通達128に基づいて評価し，償却方法も所得税申告と異なる場合もありますので，減価償却明細をエクセル形式で入手できれば，申告の助けになります。

	所得税確定申告書（減価償却明細）
	自動車検査証（車検証）の写し
	損害保険証券の写し

1 資料収集　5

> **チェックポイント！**

■　長期契約の損害保険がないか確認しましたか。
　⇒　借入によって建物を建築した場合は，長期契約の損害保険に加入
　　している事例があります。長期損害保険契約は，保険の解約返戻金
　　相当額を，相続財産として計上します。
　　　保険期間が1年以内の損害保険契約は，生命保険契約に準じて，
　　解約返戻金相当額の相続財産計上は強制されないと考えられます。

2－5　有価証券（上場株式等）

　有価証券は，証券会社からの取引残高報告書や，配当通知などからその内容を把握します。また，投資信託についても，証券会社に基準価格の証明を依頼します。

相続発生日の残高証明書
株式配当等の支払通知書
所有株式数証明書

> **チェックポイント！**

■　未収配当の確認はしましたか。
　⇒　配当の基準日から，配当入金日までの間に相続があった場合は，
　　未収配当の計上が必要です。
■　配当入金額と株数の突合は行いましたか。
　⇒　預金通帳に入金されている配当額から割り戻した株数と，残高証
　　明に記載されている株数と整合性が取れているか確認が必要です。

2－6　有価証券（取引相場のない株式）

　取引相場のない株式については，原則評価か配当還元評価かによって必要資料が異なります。配当還元評価の場合，株主向け決算報告資料で，

評価することがありますが，会計上の資本金等の額と税務上の資本金等の額が異なる場合がありますので，念のため発行法人に法人税申告書別表五㈠「差引翌期首現在資本金等の額」の「差引合計額」を確認することをおすすめします。

	履歴事項全部証明書（法人登記簿）および定款
	過去2期の法人税申告書一式（必要に応じて3期）
	純資産の評価に参考となる資料

チェックポイント！

- ■ 法人税の修正申告の有無を確認しましたか。
  - ⇒ 原則評価の場合，法人税の修正申告後の課税所得や純資産額などで評価を行います。

2―7 保険契約

みなし相続財産となる死亡保険金や，生命保険契約に関する権利などが，相続財産として計上されます。ただし，いわゆる掛捨てで解約返戻金のない生命保険契約に関する権利は，相続財産に計上しなくても構いません。

被相続人が保険契約者または被保険者となっている生命保険契約の有無を，一般社団法人生命保険協会を通して，会員生命保険会社に，親族等が確認を求めることができます。

	死亡保険金受取明細
	生命保険証券の写し
	生命保険料控除証明

1 資料収集　7

> **チェックポイント！**
>
> ■ 実質の保険料負担者が被相続人となっている保険契約が相続財産からもれていませんか。
> ⇒ 名目上の保険契約者にかかわらず，被相続人が保険料を負担していた場合は，相続財産として計上しなければなりません。

2−8　債務・葬式費用

　負債や葬式費用は，相続財産から控除できます。また，借入利息が後払いの場合，未払利息を債務計上できます。未払利息金額計算のために返済予定表を利用します。

建物賃貸借契約書
借入金残高証明書及び返済予定表
未払費用に関する領収書
相続発生時において未払いの医療費や租税公課の請求書等
葬式費用領収書

> **チェックポイント！**
>
> ■ 領収書のない葬式関連の費用の確認はしましたか。
> ⇒ 読経料や心づけなど，領収書がない支払いも葬式費用として控除することが可能です。

2−9　所得税申告書

　被相続人の過年度所得税申告書から，被相続人の所得状況や資産状況がわかります。

　たとえば，生命保険料控除の対象としていた保険を相続財産に反映しているか，所得の基礎となる収入は，預金に入金されているかなどを確

認します。

	被相続人確定申告書（準確定申告書）
	財産債務調書
	国外財産調書

チェックポイント！

■ 所得税の未払金，未収金は相続税申告に反映させましたか。
　⇒ 準確定申告により納付する所得税は債務に，還付額は相続財産に計上します。

■ 過去の臨時的な所得が，相続財産に反映されているか確認しましたか。
　⇒ 不動産の譲渡や一時所得が生じた場合，所得に見合う預金が増加していることが一般的です。所得が預金に反映されていない場合は，その原因を確認します。

■ 青色専従者給与は，配偶者の預金に移転されていますか。
　⇒ 青色専従者給与が確定申告書に計上されていても，配偶者にきちんと支払われていない場合があります。青色専従者給与額と，相続人の預金入金状況を確認し，差額がある場合は，その処理を検討します。

Column 1 最高裁令和4年判決

最判令和4年4月19日令和2年(行ヒ)第283号相続税更正処分等取消請求事件

　財産評価基本通達総則6項(この通達の定めにより難い場合の評価)は，財産評価基本通達の規定を離れて財産評価を行える場合がある旨規定しています。

　この最高裁判決事件は，北海道の資産家が，銀行の提案で，都心の不動産物件を借入により購入して相続税を減らすことを企図したものであり，課税庁による総則6項による評価が許されるかが問題になりました。

　もしこの不動産購入・借入による財産組み換えがなければ6億円超となったであろう相続財産の価額が圧縮され，基礎控除額以下になっており，課税庁からすると絶対に看過できない案件だったといえます。背景には，都心の不動産価格の高騰があり，路線価評価額を遥かに上回る物件が存在するという事情がありました。

　さて，最高裁は6項をそのまま判断するのではなく，時価と財産評価基本通達による評価額との関係に触れた後，通達評価の合理性と，その評価がどのような場合に例外的に適用されるかについて判示しました。まず，課税庁が用いた鑑定評価額が財産評価基本通達による評価額を上回っていた点については，それが時価である以上，相続税法22条には違反しないとしました。

　そして，そうだとしても，平等原則の観点から，合理的な理由がない限り，通達により画一的評価すべきとしました。この際に，時価が路線価評価額を上回るというだけで通達評価によらないとすることは平等原則違反で許されないとも判示しています。ただし，評価通達の定める方法による画一的な評価を行うことが実質的な租税負担の公平に反するというべき事情がある場合には，合理的な理由があるものとして，通達によらない評価があり得るものとしました。

　では，どのような場合に，実質的な租税負担の公平に反するというべき事情があるのか。最高裁は，「被相続人及び上告人らは，本件購入・借入れが近い将来発生することが予想される被相続人からの相続において上告人らの相続税の負担を減じ又は免れさせるものであることを知り，かつ，これを期待して，あえて本件購入・借入れを企画して実行したというのであるから，租税負担の軽減をも意図してこれを行ったものといえる」と説示しました。

　この裁判例の枠組みがその後の各下級審判決に影響を与えており，仙台薬局事件などでも要注目の状況にあります。

(濱田康宏)

2 相続人の確定

1 あらまし

　相続税申告を行うにあたり，だれが相続人であるかを確定しなければなりません。

　相続人となり得る者は，配偶者と子供である第1順位相続人です。第1順位の子がいない場合には第2順位の親などが，第2順位もいない場合には第3順位の兄弟などが相続人になります。

	配偶者が存在する場合	配偶者が存在しない場合
第1順位	配偶者と子および子の代襲者	子および子の代襲者
第2順位	第1順位者がいない場合は，配偶者と父母など直系尊属	第1順位者がいない場合は，父母など直系尊属
第3順位	第1順位，第2順位者がいない場合は，配偶者と兄弟姉妹およびその子	第1順位，第2順位者がいない場合は，兄弟姉妹およびその子

2　解説とチェックポイント

（1）代襲相続

　被相続人の子が，相続開始の前に死亡している場合には，その子の子たる孫が代襲相続し，相続開始する前に孫が死亡している場合には孫の子が代襲相続します。

　代襲相続の原因には，相続開始以前の死亡のほかに，相続人の相続欠格や，相続人の廃除なども含まれます。

　相続人や代襲相続人の確定は，相続人の戸籍から判定し，代襲相続人の住所は戸籍の附票などにより確認します。

　相続税申告にあたり，基礎控除，死亡保険金，死亡退職金の非課税金額を算定する際の法定相続人の数は，代襲相続人も1名と数えます。したがって，被相続人の子が1名であっても，代襲相続人となった孫が3名ならば，基礎控除額等を算定する際の相続人の数は3となります。

> **チェックポイント！**
>
> ■　養子の子をすべて代襲相続人にしていませんか。
> 　⇒・養子縁組前に養子の子が出生している場合
> 　　　養子時点において養子の血族等と親族関係が生じないため代襲相続人になりません。
> 　　・養子縁組後に養子の子が出生している場合
> 　　　養子を通じて養親と親族関係が生じ，代襲相続人になります。

（2）相続分

　基礎控除額を控除した課税遺産総額に，各法定相続人が民法に定める法定相続分に従って取得したものとして，相続税の総額を計算するため，法定相続人の相続分は重要な論点です。

　相続分は，相続順位によってそれぞれ次のとおりです。同順位の相続人が複数いる場合は，相続分を同順位の相続人の数で按分します。

	各人の相続分
子および子の代襲者	配偶者2分の1　子2分の1
父母など直系尊属	配偶者3分の2　親3分の1
兄弟姉妹およびその子	配偶者4分の3　兄弟4分の1

　なお，平成25年9月4日付の最高裁判所の決定を受けた民法改正により，嫡出子と非嫡出子の相続分に違いはなくなりました。

チェックポイント！

- ■　配偶者の相続税が軽減されるのは，相続財産の2分の1と思い込んでいませんか。　⇒　相続人が配偶者のみの場合は，法定相続分が1分の1であることから，配偶者がすべて財産を相続した場合には税額軽減により，納付すべき相続税は生じません。
- ■　相続税の2割加算を失念していませんか。　⇒　昨今，兄弟など相続人の一親等の血族（代襲相続人となった孫など直系卑属を含みます）および配偶者以外が相続人となる相続税申告が増えており，その人の相続税額はその相続税額の2割を加算した金額となります。

（3）相続人に養子がいる場合

　相続税の計算にあたり，①相続税の基礎控除額，②生命保険金の非課税限度額，③死亡退職金の非課税限度額，④相続税の総額の計算において，法定相続人の数を用いますが，その際，被相続人に実の子供がいる場合は1人までを，被相続人に実の子供がいない場合は2人までを加えることができます。これは，養子を多数入れることにより，相続税に差異が生じないための制度です。

チェックポイント！

- ■　どのような場合も，養子を制限の判定としていませんか。　⇒　次の養子は，制度趣旨から制限を設ける必要はなく，養子の数の制限はなされません。
  - (1)　特別養子縁組により被相続人の養子となった相続人
  - (2)　配偶者の実の子供で被相続人の養子となった相続人

② 相続人の確定　13

(3) 配偶者との結婚前に特別養子縁組によりその配偶者の養子と
なっていた人で，被相続人と配偶者の結婚後に被相続人の養子と
なった相続人
(4) 被相続人の子や直系卑属が既に死亡しているか，相続権を失っ
たため，代わって相続人となった直系卑属
■ 二重身分の養子と代襲相続人の2人として基礎控除の計算をしてい
ませんか。 ⇒ 相続分が増えるだけであり，基礎控除計算の際の法
定相続人数はあくまで1人分として計算します。
■ 被相続人の養子が既に死亡し，養子の子が3人いた場合，養子の制
限として2人としていませんか。 ⇒ 養子の子である代襲相続人は，
養子の人数制限はないので，法定相続人の数は3人となります。

（4）胎児がいる場合

　相続開始の時に胎児がいる場合，その胎児が出生した場合には，その
胎児は相続開始時において既に生まれたものとみなされます。

　胎児が相続税の申告期限までに生まれていないときは，他の相続人は
胎児がいないものとして相続税額の計算を行います。

　その後，胎児が出生したことにより，他の相続人の相続税が過大と
なった場合には，胎児の出生を知った日から4ヵ月以内に，更正の請求
を行うことができます。

チェックポイント！

■ 胎児が出生していない場合，常に相続税の申告が必要と思い込んで
いませんか。 ⇒ 相続税の申告期限において胎児が出生していない
場合でも，胎児が出生し相続人となる場合において，相続財産を取得
したすべての者に相続税が課されない場合には，やむを得ない事情が
あるとして，胎児出生の日から2ヵ月の範囲で申告期限の延長をする
ことができます。

3 準確定申告

1　あらまし

確定申告義務がある被相続人の死亡年分またはその前年分の所得税の確定申告のことを，準確定申告といいます。

被相続人が死亡すると，相続税の申告だけでなく，所得税の準確定申告が必要になることがあります。

また，被相続人が事業を行っていた場合には，消費税の準確定申告も必要です。

2　解説とチェックポイント

2−1　所得税の準確定申告

（1）申告手続

死亡した者に係る所得税の確定申告期限は，相続の開始があったことを知った日の翌日から4ヵ月を経過した日の前日です（所法124）。

申告義務は，相続人全員と包括受遺者にあります（所法2②）。

確定申告書には，申告義務者全員の連署による「死亡した者の所得税及び復興特別所得税の確定申告書付表」（以下「確定申告書付表」といいます）を添付しますが，他の相続人の氏名を付記して各別に提出することもできます。この場合，他の相続人に対し，記載した事項の要領を通知します（所令263）。

準確定申告により納付すべき税額は債務控除の対象となり，還付される税額は相続財産になります。

3 準確定申告　15

> **チェックポイント！**

> ■　通常の所得税の納税のように，確定申告書に記載された納付すべき
> 税額を納付書に記載して納税していませんか。
> ⇒　準確定申告は各相続人が申告・納税の義務を負います。したがっ
> て，相続分の指定がなければ特定の相続人が所得税を負担する場合
> であっても，「確定申告書付表」に記載した税額に基づき，各相続
> 人の納付書を作成し，納税をします。
> ■　1月1日から3月15日までに死亡した場合，2年分の確定申告を検
> 討しましたか。
> ⇒　たとえば，令和6年2月28日に死亡した場合，令和5年分と令和
> 6年分の所得税について準確定申告をします。ただし，申告義務が
> ない場合や還付を受けない場合であれば，その年分については不要
> です。

（2）所得計算

　被相続人の業務に係る所得計算をする場合，年の中途で計算期間が終了するので，通常の所得計算と異なる取扱いがあります。

①　一括償却資産

　一括償却資産は必要経費算入額の全額を，被相続人の死亡年の必要経費に算入します（図表3―1処理1―1，2―1）。ただし，事業承継者がいる場合は，死亡年は通常どおりの処理をし，翌年以後相続人の必要経費に算入することも可能です（処理1―2，2―2）（所基通49-40の3）。

②　繰延消費税額等

　繰延消費税額等も一括償却資産と同様，死亡年の必要経費に算入しますが，事業承継者がいる場合は，それぞれ業務を行っていた期間に応じて必要経費算入額を計算することも可能です（所基通37-30の4）。

図表 3 ― 1　一括償却資産の処理

＜取得価額18万円の資産を令和 5 年に取得した場合（令和 5 年死亡）＞

	令和 5 （死亡年）	令和 6	令和 7
処理 1 - 1	18万円（被相続人）		
処理 1 - 2	6 万円（被相続人）	6 万円（相続人）	6 万円（相続人）

＜取得価額15万円の資産を令和 4 年に取得した場合（令和 5 年死亡）＞

	令和 4	令和 5 （死亡年）	令和 6
処理 2 - 1	5 万円（被相続人）	10万円（被相続人）	
処理 2 - 2	5 万円（被相続人）	5 万円（被相続人）	5 万円（相続人）

申告済み

③　事業廃止後に生じた事業に係る費用または損失

　　被相続人の死亡後生じた被相続人の事業に係る費用または損失で，事業を廃止しなかったとしたならば必要経費に算入されるべき金額は，事業廃止年分またはその前年分の必要経費に算入できます（所法63）。

　　事業廃止年分の事業税はこの取扱いを前提として，その見込額を事業廃止年の必要経費に算入することができます（所基通37- 7 ）。

④　給与等，公的年金等および退職手当等

　　死亡した者に係る給与等，公的年金等および退職手当等で，その死亡後に支給期の到来するもので相続財産とされるものについては，所得税の課税対象となりません（所法 9 ①十六，所基通 9 -17，相基通 3 -32・ 3 -33）。

⑤　限定承認

　　被相続人の相続について限定承認がされたときは，相続財産のう

ち譲渡所得の起因となる資産と山林（事業所得の起因となるものを除きます）は，相続があった時の時価相当額の対価により資産の譲渡があったものとみなして，これらの所得の金額を計算します（所法59①一）。

チェックポイント！

- ■ 事業承継者がいるにもかかわらず，事業税の見込み控除をしていませんか。
  ⇒ 事業承継者がいる場合には，事業の廃止に該当しませんので事業税の見込み控除はできません。被相続人の死亡年に係る事業税は，事業承継者の必要経費に算入します。
- ■ 死亡後に確定した退職手当等を退職所得としていませんか。
  ⇒ 死亡後3年以内に支給が確定した退職手当等は，非課税所得とされます。死亡後3年を超えて支給が確定したものは，受給者の一時所得になります（所法9①十六，所基通9-17・34-2）。

（3）所得控除

① 雑損控除等

雑損控除額，医療費控除額，社会保険料控除額，小規模企業共済等掛金控除額，生命保険料控除額，地震保険料控除額および寄附金控除額は，死亡日までに支出したものを基礎として計算します（所基通124・125-4）。

② 扶養控除等

被相続人の配偶者または親族が扶養控除，配偶者控除または配偶者特別控除の対象者になるかどうかの判定は，次によります（所基通85-1）。

　イ　生計を一にしていたか，または親族に該当するかどうかの判定

被相続人の死亡時の現況によります。その判定に係る者がその時に死亡している場合には，その判定に係る者の死亡時の現況によります。

ロ　これらの者の合計所得金額の計算

死亡時の現況により見積もった金額になります。

> **チェックポイント！**
>
> ■　被相続人に係る未払いの医療費を医療費控除の対象としていませんか。
> ⇒　死亡時の未払医療費は控除の対象になりません。その後，治療等の役務の提供を受けたときに生計を一にしていた親族が支払った場合には，その親族の医療費控除の対象となります（所基通73-1・73-2）。
> 　なお，未払いの医療費は，債務控除の対象となります。
> ■　扶養控除の適用有無の判定を，被相続人の死亡時における所得金額で行っていませんか。
> ⇒　死亡時の現況により見積もったその年の所得金額で行います（所法85①，所基通85-1）。

（4）その他所得税に関する事項

①　純損失の繰戻し還付

青色申告者である被相続人の死亡年分において生じた純損失の金額がある場合には，純損失の繰戻し還付の適用があります。また，死亡年の前年分に生じた純損失の金額は，死亡年の前々年の所得を対象に繰戻し還付が受けられます（所法141，所令272②）。

②　予定納税

その年の7月1日以後に死亡した場合には，死亡後に納期限が到来する予定納税額の納税が必要です。この場合，一般的には預金口座が凍結されていますので振替納税はされません。6月30日までに

死亡した場合は予定納税義務はありません（所基通105-2）。いずれの場合も，税務署に申出をする必要があります。

2-2　消費税の準確定申告

被相続人が消費税の納税義務者であった場合は，所得税と同様に，相続の開始があったことを知った日の翌日から4ヵ月を経過した日の前日までに，相続人（包括受遺者を含みます）は，消費税の確定申告書を提出しなければなりません（消法45②③・59一）。

この際，所得税の「確定申告書付表」に相当する「付表6　死亡した事業者の消費税及び地方消費税の確定申告明細書」を添付しますが，申告義務者全員の連署によること，他の相続人の氏名を付記して各別に提出すること，この場合の他の相続人に対して記載した事項の要領を通知することについては，所得税と同様です（消令63②〜④）。

この確定申告により納付すべき税額は債務控除の対象となり，還付される税額は相続財産になります。

2-3　適格事業者登録

被相続人が適格請求書発行事業者の場合，相続人は「適格請求書発行事業者の死亡届出書」を提出する必要があり，届出書の提出日の翌日に適格事業者登録の効力が失われます。また，届出を行わなくても死亡した日の翌日から4ヵ月を経過した日に適格事業者登録の効力が失われます。

相続により事業を承継した相続人適格事業者登録でない場合，適格請求書発行事業者の登録を受けるためには，相続人は登録申請書の提出が必要となります。

なお，相続人が適格請求書発行事業者の登録を受けるまで，相続発生から4ヵ月を経過するまで，相続人を適格請求書発行事業者とみなす特例措置もあります。

20

3　記載例　所得税の確定申告書付表

死亡した者の令和 6 年分の所得税及び復興特別所得税の確定申告書付表
(兼相続人の代表者指定届出書)

1　死亡した者の住所・氏名等								
住所	(〒 100 - 0001 　) 東京都千代田区千代田1丁目1番1号		氏名	フリガナ チヨダ タロウ 千代田 太郎		死亡年月日		令和 6 年 8 月 31 日

2	死亡した者の納める税金又は還付される税金	第3期分の税額	還付される税金のときは頭部に△印を付けてください。	1,111,100 円 … A

3	相続人等の代表者の指定	代表者を指定されるときは、右にその代表者の氏名を書いてください。	相続人等の代表者の氏名	千代田配偶者

4	限定承認の有無	相続人等が限定承認をしているときは、右の「限定承認」の文字を○で囲んでください。		限定承認

5 相続人等に関する事項

(1)	住所	(〒 - 　) 東京都千代田区千代田 1丁目1番1号	(〒 - 　) 東京都千代田区千代田 1丁目1番1号	(〒 - 　) 東京都千代田区千代田 1丁目1番1号	(〒 - 　)
(2)	氏名(署名)	フリガナ 千代田配偶者	フリガナ 千代田長男	フリガナ 千代田長女	フリガナ
(3)	個人番号				
(4)	職業及び被相続人との続柄	職業　　続柄	職業		
(5)	生年月日	明・大・昭・平・令 年 月 日	明・大・昭・平・令 年 月 日		
(6)	電話番号	－ －	－ －	－ －	
(7)	相続分・B	法定・指定 1/2	法定・指定 1/4	法定・指定 1/4	法定・指定
(8)	相続財産の価額	円	円	円	円

> 各相続人で端数処理を行うため，確定申告書に記載した納付税額と，各人の納付税額の合計額が一致するとは限りません。

6 納める税金等

各人の納付税額 A × B (各人の100円未満の端数切捨て) Aが黒字のとき	555,500 円	277,700 円	277,700 円	円
各人の還付金額 (各人の1円未満の端数切捨て) Aが赤字のとき	円	円	円	円

7 還付される税金の受取場所

振込みを希望する場合 銀行等の預金口座に	銀行名等	銀行・金庫・組合 農協・漁協	銀行・金庫・組合 農協・漁協	銀行・金庫・組合 農協・漁協	銀行・金庫・組合 農協・漁協
	支店名等	本店・支店 出張所 本所・支所	本店・支店 出張所 本所・支所	本店・支店 出張所 本所・支所	本店・支店 出張所 本所・支所
	預金の種類	預金	預金	預金	預金
	口座番号				
ゆうちょ銀行の貯金口座に振込みを希望する場合	貯金口座の記号番号				
郵便局等の窓口で受取りを希望する場合	郵便局名等				

(注)　「5 相続人等に関する事項」以降については、相続を放棄した人は記入の必要はありません。

税務署整理欄	整理番号	0		0		0				一連番号
	番号確認　身元確認		□ 済 □ 未済		□ 済 □ 未済		□ 済 □ 未済		□ 済 □ 未済	

○この付表は、申告書と一緒に提出してください。※還付される税金の受取りを代表者等に委任する場合には委任状の提出が必要です。

Column2 総則6項オオノ事件

　相続の依頼を引き受けたと想像してください。被相続人が保有していた非上場株式を類似業種比準方式で評価したところ1株当たり8千円だった。ところが被相続人は生前にM&Aに関する基本合意を締結しており，そこで合意した譲渡価額は1株当たり10万円だったらどうでしょう。しかも相続後の譲渡契約によって同額の譲渡代金が実現しています。さて，いくらで申告したらよいでしょうか。これが実際の判例になったのがオオノ事件です（令和6年8月29日東京高裁）。

　納税者は類似業種比準価額によって1株約8千円とする相続税の申告をしましたが，課税庁は総則6項に基づき1株約8万円とする更正処分を行いました。評価額の差異は約15億円です。東京地裁は納税者の処理を認め国の更正処分を取り消しました。そして東京高裁は国の控訴を棄却，国は上告しなかったため高裁判決が確定しました。いわゆる総則6項が否定された初めての事件ということになります。

　高裁は，評価通達の定める方法による画一的な評価を行うことが実質的な租税負担の公平に反するというべき事情（特段の事情）が存在していたということにはならないと判断しました。

　筆者（白井）は，株式の時価は相続時点で実現していると考えるべきだと思います。たとえば土地の譲渡契約途中で売主に相続が開始したときは未収金としての評価，つまり譲渡代金で評価すべきですが，これと同様に取り扱うべきだと考えます。総則6項を発動する必要はなく，事実認定による評価の問題です。基本合意による譲渡価格が相続後，そのまま譲渡契約によって実現していることから，資産査定などの手続は相続時にはほぼ終わっていた可能性があります。

　相続開始時に売買契約成立に至っていなかったとしても，近い将来売買契約が成立し，売買代金債権に転化する蓋然性が高いとの国の主張が正しいと思えます。しかし東京高裁は，M&Aによる譲渡代金は専門的評価によるものであって経営判断や交渉の産物であり交換価値を反映するものとは限らないとし，譲渡代金と通達評価額に大きな乖離があったとしても，総則6項を適用するような租税負担の公平に反する特段の事情はないと指摘しました。

　判決の判断内容が是認されるのであれば，M&Aの基本合意に至った段階で，子供などに対し類似業種比準方式による評価額で贈与し，その後10倍の譲渡代金を受け取っても課税上の問題はないことにならないでしょうか。個人的な見解ですが高裁判決には疑問が残ります。

（白井一馬）

4 遺 言

1 あらまし

遺言は，一般的に，全文を被相続人が自書押印した自筆証書遺言と，遺言者の口述した内容を公証人が筆記作成し，遺言者が署名押印した公正証書遺言が使われます。

自筆証書遺言を発見した相続人は，遺言者の死亡を知った後遅滞なく，遺言書を家庭裁判所に提出して検認を請求しなければなりません。

ただし，法務局において自筆証書遺言書保管制度を利用した場合には，保管の際に外形的な確認を受けていることから，家庭裁判所の検認は不要です。

家庭裁判所での検認手続は，遺言の有効・無効を判断する手続ではなく，自筆証書遺言の場合，遺言無効と主張される可能性があります。公正証書遺言より作成が簡便であるものの，確実性の点では一歩劣っています。

対して公正証書遺言は，公証人が遺言の作成にかかわっていることもあり，遺言の無効を主張されにくく，また，検認の手続を受けることなく，不動産登記等に使用できますのでより安心といえます。

また昭和64年1月以降（東京公証人会所属公証人は昭和56年以降，大阪公証人会所属公証人は昭和55年以降）に作成された公正証書遺言は，日本公証人連合会の遺言検索システムにより，その存在を検索・照会することができますので，その点においても確実な方法といえます。

2　解説とチェックポイント

2―1　遺言の執行
（1）遺言執行者の地位と職務

　遺言により遺言執行者として指名された者は，遅滞なく財産目録を作成するなど，遺言の執行を行わなければなりません。

　遺言執行者は，法人や親族でもなれますが，税理士法人は，目的外行為になるため就任できません。

（2）遺言と異なる遺産分割

　遺言により相続財産を分割または取得することが一般的ですが，遺言どおり遺産を分配すると，相続税の納税資金が不足する場合など，相続人全員の合意により遺言と異なる内容の遺産分割を行う場合があります。

　この場合，受遺者から相続人に贈与が行われたと考えるのでなく，民法に基づき受遺者が遺贈を放棄した結果，未分割となった相続財産を，相続人の協議により分割または取得したと考えます。したがって，遺言と異なる遺産分割協議を行っても，贈与と認定されません。

> **チェックポイント！**
>
> ■　遺言執行費用を債務控除していませんか。
> 　⇒　遺言執行費用は，相続財産の管理に関する費用で，相続開始後に発生することから，相続税の課税価格の計算上債務として控除することはできません。

（3）遺贈による不動産取得税

　遺贈も所有権を移転する行為ですので，不動産の遺贈による取得の場合には原則として不動産取得税が課されます。

ただし，相続人が遺言により遺贈を受けた場合，または相続人以外の者が包括遺贈を受けた場合には，不動産取得税は課されません。

2－2　遺留分の侵害額の請求

遺言により遺留分を侵害される者は，一定期間に限り，侵害した者に対して遺留分の侵害額に相当する金銭の請求を行うことができます。

遺留分とは，相続人が相続財産を相続できる権利であり，相続人が父母など直系尊属のみである場合は被相続人の財産の3分の1が，その他の相続人の場合には被相続人の財産の2分の1が遺留分として認められていますが，被相続人の兄弟姉妹には遺留分がありません。

チェックポイント！

■　遺言により財産を受けた者が相続税の2割加算対象者かどうか確認しましたか。
⇒　遺言により一親等の血族（代襲相続人を含みます）および配偶者以外の者が財産を取得した場合は，相続税が2割加算されます。
■　相続人でない者が，遺言や死因贈与もなく相続財産を取得していませんか。
⇒　相続人や受遺者以外の者が財産を取得した場合は，相続人からの贈与となり，贈与税の課税関係が生じます。

3　記載例

自筆証書遺言や秘密証書遺言の検認前に，以下の家事審判申立書を家庭裁判所に提出しなければなりません。

4 遺言 25

受付印		家事審判申立書　事件名（　遺言書の検認　）

（この欄に申立手数料として1件について800円分の収入印紙を貼ってください。）

印　紙

（貼った印紙に押印しないでください。）

（注意）登記手数料としての収入印紙を納付する場合は，登記手数料としての収入印紙は貼らずにそのまま提出してください。

収入印紙	円
予納郵便切手	円
予納収入印紙	円

準口頭		関連事件番号　平成・令和　　年（家　　）第　　　　号

○○　家庭裁判所 御中 令和○年○月○日	申　立　人 （又は法定代理人など） の記名押印	甲　野　一　郎　㊞

申　立　て　の　趣　旨

遺言者の自筆証書による遺言書の検認を求めます。

申　立　て　の　理　由

1　申立人は，遺言者から，平成○年○月○日に遺言書を預かり，申立人の自宅金庫に保管していました。

2　遺言者は，令和○年○月○日に死亡しましたので，遺言書（封印されている）の検認を求めます。なお，相続人は別紙の相続人目録のとおりです。

5　相続税の納税義務者

1　あらまし

　相続税がかかる人と相続税の課税対象とされる財産の範囲は，次のとおりとなっています。

被相続人＼相続人		国内に住所あり		国内に住所なし		
			短期滞在の外国人（※3）	日本国籍あり		日本国籍なし
				10年以内に住所あり	10年以内に住所なし	
国内に住所あり		居住無制限納税義務者（国内財産・国外財産ともに課税）	居住制限納税義務者	非居住無制限納税義務者（国内財産・国外財産ともに課税）	非居住制限納税義務者	
	一定の外国人（※1）					
国内に住所なし	10年以内に住所あり		居住制限納税義務者（国内財産ともに課税）		非居住制限納税義務者（国内財産のみに課税）	
	一定の外国人（※2）					
	10年以内に住所なし					

特定納税義務者	上記のいずれにも該当しない人で贈与により相続時精算課税の適用を受ける財産を取得した人	相続時精算課税の適用を受ける財産に課税

※1　出入国管理および難民認定法別表第1の在留資格を有する人
　2　国内に住所を有していた期間引き続き日本国籍を有していない人
　3　上記※1の在留資格を有する人で，相続開始前15年以内において国内に住所を有していた期間の合計が10年以下の人

2　解説とチェックポイント

2―1　納税義務者の「住所」の判定

　納税義務者の住所がどこにあるのかを判定することは，納税義務の範囲を決定するうえで重要な要素となります。平成23年2月に最高裁判決が下された武富士事件は，受贈者の住所が国内にあったのかそれとも国外にあったのかが争われた事例です。裁判長は，「客観的に生活の本拠としての実態を備えているか否かによって決めるべき」と指摘し，「贈与税回避の目的があったとしても客観的な生活の実態が消滅するものではない」として，納税者の住所が海外であると判示しました。相続税法基本通達1の3・1の4共―5においても，相続税法における「住所」の意義について，次のように規定しています。

---

　①　各人の生活の本拠をいうのであるが，その生活の本拠であるかどうかは，客観的事実によって判定するものとする。
　②　同一人について同時に相続税法の施行地に2ヵ所以上の住所はないものとする。

> **チェックポイント！**

- ■　相続税の納税義務者は必ずしも個人とは限らないことを理解していますか。
- ⇒　代表者または管理者の定めのある人格のない社団または財団に対し遺贈があった場合や遺言による財産の提供があった場合には，その社団または財団は個人とみなされ相続税の納税義務を負うことになります（相法66①②）。また，同族理事が過半数を占める特定の一般社団法人等は，同族理事死亡時に純資産に対し相続税が課され，相続税の納税義務を負います（相法66の2）。
- ■　被相続人の住所が国外にあることをもって，居住無制限納税義務者でないと判断していませんか。
- ⇒　居住無制限納税義務者であるかどうかの判定は，相続人等が相続

または遺贈により財産を取得した時において，法施行地に住所を有するかどうかにより判定します。

■　日本国籍を有している者が，国外勤務等により法施行地を離れていることをもって，その住所が法施行地にはないと判断していませんか。
⇒　その者が次に掲げる者に該当する場合には，その者の住所は法施行地にあるものとして取り扱います。
①　学術，技芸の習得のため留学している者で法施行地にいる者の扶養親族となっている者，②　国外において勤務その他の人的役務の提供をする者で国外における当該人的役務の提供がおおむね１年以内であると見込まれる者（その者の配偶者その他生計を一にする親族でその者と同居している者を含む）（相基通１の３・１の４共-６）

■　外国国籍と日本国籍の両方の国籍を持っている者の納税義務の判定を理解していますか。
⇒　納税義務者区分を判定する際の「日本国籍を有する個人」には，日本国籍と外国国籍とを併有する重国籍者も含まれます。

2－2　共有持分を取得した場合の課税関係

　共有に属する財産の共有者の１人が死亡した場合において，その者の相続人がいないときは，その者に係る持分は，他の共有者がその持分を遺贈により取得したものとして相続税が課税されます（相基通９-12）。

2－3　各種控除項目の適用関係

　居住無制限納税義務者については，債務控除，未成年者控除，障害者控除の適用に制限はありませんが，非居住無制限納税義務者と居住・非居住制限納税義務者については，次の表のような制限がかかります。

	非居住無制限納税義務者	居住・非居住制限納税義務者
債務控除 （相法13）	被相続人の債務で相続開始の際に現に存するすべての債務（公租公課を含む）	・国内の課税財産に係る公租公課 ・国内の課税財産に係る抵当権等で担保される債務 ・国内の課税財産の取得，維持，管理のために生じた債務

⑤　相続税の納税義務者　　29

		・国内の課税財産に関する贈与の義務・被相続人が死亡の際，国内に営業所または事業所を有していた場合のその営業上または事業上の債務
未成年者控除（相法19の 3 ）	適用あり	適用なし
障害者控除（相法19の 4 ）	適用なし	適用なし

　チェックポイント！

■　債務控除や未成年者控除の適用にあたり，納税義務者の種類を確認しましたか。
　⇒　非居住無制限納税義務者と居住・非居住制限納税義務者には適用制限がかかる場合があります。
■　被相続人が米国籍を有している制限納税義務者について，未成年者控除および障害者控除の適用を見送っていませんか。
　⇒　日米租税条約により，被相続人が米国籍を有しているまたは米国に住所を有している場合には，未成年者控除および障害者控除の適用ができます（障害者控除では非居住無制限納税義務者を含みます）。

2－4　相続人でない特定受遺者の適用関係

　相続人以外の者が特定遺贈を受けた場合には，債務控除の適用はありません（相法13）。また，死亡保険金や死亡退職金に対する非課税の規定の適用もありません（相法12①五・六）。

　チェックポイント！

■　債務控除や死亡保険金等の受取人が相続人であることを確認しましたか。
　⇒　遺贈により財産を取得した者が，相続人以外の者である場合には，債務控除や死亡保険金等の非課税規定の対象外になります。

6 個人とみなされる納税義務者

1 あらまし

　相続税法は，原則として，贈与または相続，遺贈により財産を取得した個人を納税義務者と定めています（相法1の3・1の4）が，贈与または遺贈により財産を取得する者については，必ずしも個人とは限らないこととしています。

　もし，贈与税または相続税の納税義務者を個人のみに限定してしまうと，贈与または遺贈によって個人以外の者に財産を移転することによる贈与税または相続税の租税回避が考えられるからです。

2 解説とチェックポイント

2―1 持分の定めのない法人に対する贈与や遺贈があった場合

　相続税法では，上記のような贈与または遺贈による相続税・贈与税の租税回避に対応する措置として，例外的に人格のない社団または財団が贈与または遺贈を受けた場合および持分の定めのない法人が財産の贈与または遺贈を受け，それが相続税または贈与税の不当減少にあたると認められる場合について，その社団，財団または持分の定めのない法人を個人とみなして納税義務を負わせることにしています（相法66）。

　また，相続税法9条の4第1項または2項に規定する個人以外の受託者について同条1項または2項の規定の適用がある場合にも，その信託の受託者を個人とみなして納税義務を負うこととされています（相法9の4，相基通1の3・1の4共-2）。

6　個人とみなされる納税義務者　31

＜個人とみなされる納税義務者＞

適用場面	
設立するために財産の提供があった場合 財産の贈与・遺贈・死因贈与があった場合	相法9の4（受益者等が存しない信託等の特例）①，②の規定の適用がある場合

対象者		
人格のない社団等	持分の定めのない法人	
代表者または管理者の定めのある人格のない社団または財団 （例）PTA，同窓会，町内会など	（例）一般社団法人，一般財団法人，学校法人，社会福祉法人など	個人以外の受託者

適用要件		
なし	遺贈者等の親族その他これらの者と特別の関係がある者の相続税または贈与税の負担が不当に減少する結果となると認められるとき	なし

個人とみなす

チェックポイント！

■　持分の定めのない法人に財産の贈与または遺贈があった場合には，必ず贈与税または相続税の課税関係が生じると思っていませんか。

⇒　持分の定めのない法人に財産の贈与または遺贈があった場合には，その贈与または遺贈によりその贈与または遺贈をした者の親族等の贈与税または相続税の負担が不当に減少する結果となると認められるときにおいてのみ贈与税または相続税の課税関係が生じます。相続税法施行令33条3項（一般社団法人等においては4項も）の要件を満たす場合には，不当減少にあたらないとされています。

２－２　同族理事が支配する一般社団法人等への相続税課税

　同族理事が過半数を占める一般社団法人・財団法人において，同族理事の誰かが死亡した場合には，その一般社団法人等は個人とみなされ，相続開始時の純資産額を同族理事の頭数（死亡した理事を含みます）で除した金額を遺贈により取得したものとみなして相続税が課されます（相法66の２）。ただし，公益社団法人または公益財団法人，非営利型の一般社団法人または一般財団法人にはこの制度は適用されません。

　この相続税課税制度には節税防止策としていくつかの取扱いがあります。

　まず，相続直前に理事を辞任して相続税課税を逃れることを防止するために，一般社団法人等の理事でなくなった日から５年を経過していない者が死亡したときも，この制度の対象になります。

　また，被相続人が支配する同族会社や，被相続人が役員となっている会社の役員・従業員を理事にして同族理事割合を引き下げる節税を防止するため，これらの役員等は同族理事としてカウントされます。

　さらに，相続直前に友人などの第三者を理事に加えて同族理事割合を引き下げる節税を防止するため，相続直前の同族理事割合が50％以下であったとしても，相続開始前５年以内において同族理事割合が過半数の期間がトータル３年以上あればこの制度の対象になります。

チェックポイント！

■　家族で経営する一般社団法人などについて将来の相続税課税の可能性を検討しましたか。
　⇒　理事を退任しても５年以内に死亡した場合，相続税課税の対象になるため，早めに理事を次世代に引き継いでおく対策が有効です。
■　非営利型でない，いわゆる全所得に課税される一般社団法人であれば，必ず相続税課税制度の対象になると誤解していませんか。
　⇒　全所得型であっても，同族理事の割合が50％以下であれば相続税課税制度は適用されません。

Column 3　キーエンス事案

　評価会社が株式を所有している場合で，その株式の合計額が総資産の50%以上となっているときには，株式保有特定会社に該当するとして，株式評価において類似業種比準価額が使えず，原則として純資産価額により評価することとなっています。

　一般的には，純資産価額より類似業種比準価額の方が低く評価されるため，株式保有特定会社となることを回避すれば，株式の評価を引き下げられる可能性があります。

　これに果敢にチャレンジした事案の1つにキーエンス事案があります。

　センサーや計測機器の大手メーカー「キーエンス」の創業者の長男が大阪国税局の税務調査を受け，同社株を保有する資産管理会社の株式の贈与をめぐって約1,500億円の申告もれを指摘されました。過少申告加算税を含めた贈与税の追徴税額は約300億円といわれています。

　名誉会長はキーエンス株式の17.87%を保有するティ・ティ社の転換社債を30年以上前から保有しており，この転換社債を資産管理会社A社に現物出資し，A社株式を取得しました。その後，このA社株式の評価において，類似業種比準価額を適用し，長男に贈与したという事案です。

　資産管理会社A社が保有している転換社債の発行体は，キーエンス株式を保有するティ・ティ社です。これが転換社債でなく，株式であれば，キーエンス株を間接保有していることになり，また，株式保有特定会社の規制により，純資産評価額を主体とした評価になっていたはずです。

　ところが，当時の財産評価基本通達では，株式保有特定会社の判定の際，転換社債は株式として取り扱っていませんでしたので，株式保有特定会社の規制に服しません。財産評価基本通達に従って評価する限り，類似業種比準方式による株価が利用できてしまうのです。

　しかし，転換社債といっても，株式同然であれば，株式として取り扱って株式保有特定会社に該当するかどうかの判定をするべきです。しかも，本事例では，権利行使期間の延長を年度か繰り返していました。第三者との関係では，とてもあり得ないような状況だったといえるでしょう。

　その他にも，贈与の直前前期までは赤字続きだったのに，贈与の直前期に利益を計上して比準要素数1の会社を脱するなど，一連の行動が計画的であったことを推認させました。

　これらの事実を踏まえて課税庁は，この贈与の対象となった資産管理会社A社が株式保有特定会社だったと認定しました。否認の根拠は財産評価基本通達総則6項です。転換社債は債券ですから，株式ではないのにもかかわらず，実質的には株式だと認定したわけです。

　この事案のあとに，財産評価基本通達が改正され，転換社債は株式保有特定会社判定上の株式等に加えられています。

（岡野　訓）

7 信託制度と相続税法

1 あらまし

　信託とは，委託者が受託者に財産を譲渡し，受益者のために管理・運用・処分を行わせる行為です。

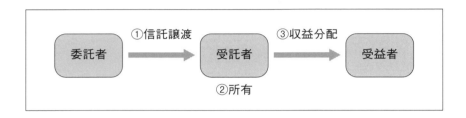

　信託は，契約，遺言，信託宣言の3つの方法により成立します（信託法3）。信託銀行などが，「遺言信託」という業務を行っていますが，これは遺言書の作成や保管サービスであり，遺言により信託を成立させる方法とは全く別のものです。

　また，信託宣言とは，自分の財産を自分自身に信託するという自己信託（信託法3三）をすることをいいます。

> **チェックポイント！**
>
> ■　信託の登場人物と各自の役割を理解していますか。
> 　⇒　信託には，委託者，受託者，受益者の三者が登場します。委託者は財産を受託者に託する者，受託者は委託された財産を管理・運用・処分する者です。受益者は，信託財産に係る利益を収受する者のことです。

2 解説とチェックポイント

2—1 信託の課税関係

　信託については，原則として，受益者に対して課税が行われます。したがって，信託財産に属する資産および負債は，受益者が有するものとみなし，その信託財産から生じる収益および費用も受益者の収益および費用とみなして，所得税および法人税が課されることになります（所法13，法法12）。

　たとえば，賃貸物件を信託財産として信託設定をしても，委託者が受益者となる自益信託であれば，委託者＝受益者のため，税務上は財産の移転が生じず，信託設定時には課税関係が生じません。その後の賃料収入や必要経費は，受益者である委託者に帰属するため，委託者は今までと同様に不動産所得の申告をすることになります。

　また，自益信託ではない場合に適正な対価を負担せずに受益者となった個人に対しては，委託者からの遺贈または贈与として相続税または贈与税が課されます（相法9の2）。

　つまり，信託設定時には，受益者が信託財産を取得したものとみなし，信託期間中に受益者の変更があった場合には，新たな受益者が信託受益権（信託財産）を取得した者とみなして相続税または贈与税が課されることになるわけです。

> **チェックポイント！**
>
> ■　信託を設定した場合の，税務上の手続を理解していますか。
> ⇒　信託を設定した日の属する月の翌月末日までに信託に関する受益者別調書を提出します（相法59③）。その後は，毎年の信託の収支を記載した信託の計算書を翌年1月末日までに提出しなければなりません（所法227）。

＜信託に関する受益者別調書＞

信託に関する受益者別（委託者別）調書

受益者 特定委託者 又は 委託者	住所（居所）又は所在地		氏名又は名称	
			個人番号又は法人番号	
			氏名又は名称	
			個人番号又は法人番号	
			氏名又は名称	
			個人番号又は法人番号	

信託財産の種類	信託財産の所在場所	構造・数量等	信託財産の価額

信託に関する権利の内容	信託の期間	提出事由	提出事由の生じた日	記号番号
	自　・　・ 至　・　・		・　・	

（摘要）

（令和　　年　　月　　日提出）

受託者	所在地又は住所（居所）	（電話）
	営業所の所在地等	（電話）
	名称又は氏名	
	法人番号又は個人番号	

整理欄	①	②	358

※個人番号又は法人番号欄に個人番号（12桁）を記載する場合は、右詰で記載します。

■　信託の課税関係を理解していますか。
　⇒　信託の課税関係の原則は，受益者等課税信託です。受益者が信託財産を有しているとみなして課税関係が整理されています。そのほか，証券投資信託などの集団投資信託については，収益発生時ではなく，受益者に信託収入が分配された段階で課税されます。また，受益者が存在しないか特定できない信託については，税法上の受益者がいないため，信託財産自体を法人とみなして，受託者に法人税を課税することとされています（申告書で確認する税務調査対策シリーズ『法人税のテッパン50』「47　信託税制」参照）。

■　課税法上の受益者と信託法の受益者との違いを理解していますか。
　⇒　信託の課税関係の原則は，受益者等課税信託です。受益者等とは，信託法上の受益者のみならず，みなし受益者（特定委託者）を含む概念です。みなし受益者とは，信託を変更する権限を現に有し，かつ，その信託の信託財産の給付を受けることとされている者（受益者を除きます）のことです。

2―2　信託受益権の評価

　信託受益権は，信託財産そのものとして評価するのが原則です（評基

通202）。信託財産とは，信託の対象になった財産のことで，土地を信託した場合の受益権の評価は土地の評価と同一ということになります。

　ただし，信託受益権は，収益受益権と元本受益権に二分できることとされています。信託の利益を受ける権利の評価は，次に掲げる区分に従い，それぞれ次に掲げる金額となります。

(1) 元本と収益との受益者が同一人である場合においては，通達に定めるところにより評価した課税時期における信託財産の価額で評価します。

(2) 元本と収益との受益者が元本および収益の一部を受ける場合においては，通達に定めるところにより評価した課税時期における信託財産の価額にその受益割合を乗じて計算した価額で評価します。

(3) 元本の受益者と収益の受益者とが異なる場合においては，次に掲げる価額で評価します。

　イ　元本を受益する場合は，通達に定めるところにより評価した課税時期における信託財産の価額から，ロにより評価した収益受益者に帰属する信託の利益を受ける権利の価額を控除した価額

　ロ　収益を受益する場合は，課税時期の現況において推算した受益者が将来受けるべき利益の価額ごとに課税時期からそれぞれの受益の時期までの期間に応ずる基準年利率による複利現価率を乗じて計算した金額の合計額

チェックポイント！

■　信託受益権を相続した場合であっても，要件を満たせば小規模宅地等の特例が適用できることを理解していますか。

⇒　税法上は，受益者が信託財産を有しているものとみなされますので，信託財産に土地が含まれていれば，その土地を取得したものとみなされ，小規模宅地等の特例の適用を受けることができます。

2－3　受益者連続型信託

　受益者連続型信託とは，受益者が死亡するとその受益者が所有する受益権が消滅し，新たに他の者が受益権を取得する旨の定めがある信託のことをいいます（信託法91）。

　遺言では，自分の相続時にのみ財産の行き先を指定することができますが，信託を利用すると，自分が死んだ後でも，自分の財産の行き先を生前に決めることができます。

　ただし，未来永劫無制限に財産の行き先を決められるわけではなく，信託法91条によると，信託した時から30年を経過した後に最初に発生する相続までしか指定することができないことになっています。

　　チェックポイント！

■　受益者連続型信託に関する権利の評価について，特例があることを知っていますか。
　⇒　受益者連続型信託では，収益受益権と元本受益権に分けて別人に取得させることとした場合でも，収益受益権を常に信託財産価額で評価し，元本受益権をゼロとします（相法9の3，相基通9の3－1）。
　　　たとえば，夫の相続により，後妻が収益受益権，先妻の子が元本受益権を取得し，その後，後妻の死亡時に先妻の子が収益受益権を取得するという受益者連続型信託では，収益受益権のみを取得する後妻であっても，信託財産の全額を取得したものとして相続税が課せられます。

2—4　遺言代用信託

　遺言代用信託とは，信託の設定当初は，委託者自身が受益者となり，委託者が死亡した時には，妻や子を受益者とすることを信託契約によってあらかじめ定めておく信託です（信託法90）。自分の死後，財産を家族に残すための手法として信託を利用するわけですが，それを生前の信託契約によって決めておくわけです。

　たとえば，三菱UFJ信託銀行の「ずっと安心信託」という商品は遺言代用信託を利用した金銭信託の一種です。当初は自益信託として一定額の年金給付を受けておいて，自分の死後は妻や子供に受益権を移転することが可能です。このとき，妻や子供は遺贈により受益権を取得したものとみなされ，相続税が課税されます。

3　記載例（信託の計算書）

信 託 の 計 算 書
（自 令和6 年 1 月 1 日 至 令和6 年 12 月 31 日）

信託財産に帰せられる収益及び費用の受益者等	住所（居所）又は所在地	福岡県福岡市早良区○○○		
	氏 名 又 は 名 称	黒田　太郎	番 号	
元本たる信託財産の受 益 者 等	住所（居所）又は所在地	福岡県福岡市早良区○○○		
	氏 名 又 は 名 称	黒田　太郎	番 号	
委 託 者	住所（居所）又は所在地	福岡県福岡市中央区○○○		
	氏 名 又 は 名 称	加藤　典明	番 号	
受 託 者	住所（居所）又は所在地	岡山県倉敷市○○○		
	氏 名 又 は 名 称	大原　義雄	（電話） 086－×××－○○○○	
	計算書の作成年月日	令和7 年 1 月 20 日	番 号	

信託の期間	自 令和5 年 1 月 1 日　至 令和14 年 12 月 31 日	受益者等の異動	原　　因	
信託の目的	不動産の管理・運用		時　　期	
受益者等に交付した利益の内容	種　類	現金	受託者等の受けるべき報酬の額等	報酬の額又はその計算方法	年300,000円（固定）
	数　量	1,200,000円		支払義務者	黒田　太郎
	時　期	令和6 年12月31日		支払時期	令和6 年12月31日
	損益分配割合			補てん等又は補足の割合	

収 益 及 び 費 用 の 明 細

収 益 の 内 訳	収 益 の 額	費 用 の 内 訳	費 用 の 額
賃貸料収入	2 400 000	信託報酬	300 000
		租税公課	480 000

40

8 みなし相続財産

1 あらまし

　相続税は，相続または遺贈により，相続人等が取得した財産が課税の対象です。しかし，民法上は相続または遺贈により取得した財産に該当しなくても，実質的に相続または遺贈により取得した財産といえるものも存在しています。そこで，相続税法ではこれらの財産（以下①～⑥）を相続財産とみなすことにより，相続税の租税回避の防止と本来の相続財産との課税均衡を図っています。

　　① 死亡保険金等

　　② 死亡退職手当金

　　③ 生命保険契約に関する権利

　　④ 定期金給付契約に関する権利

　　⑤ 保証期間付定期金に関する権利

　　⑥ 契約に基づかない定期金に関する権利　など

2 解説とチェックポイント

2-1 生命保険金等

　被相続人が保険料を負担していた生命保険契約の保険金や損害保険契約の死亡保険金は，被相続人から相続または遺贈により取得したものとみなされます（相法3①一）。これらの保険金を受け取ることは，実質的に被相続人から保険金相当額の現金を取得したのと何ら変わりがないからです。

チェックポイント！

■ 保険契約，所得税の申告，普通預金通帳などで，保険内容を把握していますか。
　⇒ 保険料負担者と保険契約者が異なる場合などは把握が難しいため特に注意が必要です。
■ 被相続人を被保険者とする保険金の入金があった場合において，被相続人が契約者でないにもかかわらず，被相続人が保険料の負担をしていませんか。
　⇒ 保険料の実質負担者が被相続人であると認定された場合には，その保険金を相続財産とみなして計上する必要があります。
■ 入院給付金や手術給付金をみなし相続財産としていませんか。
　⇒ 入院給付金や手術給付金は，相続財産とはみなされません。ただし，その受取人が被相続人であれば，本来の相続財産に該当します。
■ 契約者貸付金や未払保険料などがありませんか。
　⇒ 受け取る保険金から契約者貸付金や未払保険料が差し引かれて振り込まれることがあります。この場合には，以下の区分に応じて処理します（相基通3-9）。

被相続人が保険契約者である場合	保険金受取人は，契約者貸付金等の額を控除した金額に相当する保険金を取得したものとし，控除に係る契約者貸付金等の額に相当する保険金および控除に係る契約者貸付金等の額に相当する債務はいずれもなかったものとする。
被相続人以外の者が保険契約者である場合	保険金受取人は，契約者貸付金等の額を控除した金額に相当する保険金を取得したものとし，控除に係る契約者貸付金等の額に相当する部分については，保険契約者が当該相当する部分の保険金を取得したものとする。

2－2　退職手当金

　死亡退職手当金等も，生命保険金等と同様に，被相続人から相続または遺贈により取得したものとみなされます（相法3①二）。この退職手当等は，名義のいかんにかかわらず，実質的に被相続人の死亡退職手当

金として支給されるすべての金品が含まれます。なお，被相続人の死亡後3年以内に支給が確定したものが退職手当金等に含まれます。

> **チェックポイント！**
>
> ■ 役員退職金の支給について株主総会決議で明確にしていますか。
> ⇒ 株主総会決議がないと，支給した金品等が退職手当金として認められません。退職金規程の有無ではなく，株主総会決議の有無が重要です。
> ■ 死亡退職金は，被相続人の死亡後3年以内に支払いを受ける必要があると勘違いをしていませんか。
> ⇒ 死亡退職金については，支給することが死亡後3年以内に確定すれば，実際の支払いが3年経過後であっても相続税の対象となります。なお，死亡後3年を超えて確定した死亡退職金は，取得した者の一時所得となります（相基通3-30）。

2—3 生命保険・定期金給付契約に関する権利

保険契約においては，原則として，保険契約者が保険料を負担します。また，その保険契約者は保険契約を解約することにより解約返戻金を取得することができます。しかし，保険契約者でない被相続人が保険料を負担している場合もあり，その場合には，保険契約者のために被相続人が返戻金額の貯蓄をしているといえます。そこで，保険料負担者たる被相続人が死亡した場合には，保険契約者が保険契約に関する権利（解約返戻金）を取得したものとみなしています（相法3①三）。また，定期金給付契約においても同様の状況が生じ得るため，定期金給付契約に関する権利についても同様に，被相続人から相続または遺贈により取得したものとみなされます（相法3①四）。

⑧ みなし相続財産　43

> ### チェックポイント！
>
> ■　被相続人が契約者となっている保険契約に関する権利をみなし相続財産としていませんか。
> ⇒　相続または遺贈により取得したものとみなされる保険契約に関する権利は，被相続人が保険料を負担しているものの保険契約者とはなっていない保険契約です。そのため，被相続人が保険契約者であれば，被保険者が第三者であってもその保険契約は本来の相続財産として相続税の対象となります。

2―4　定期金に関する権利

　被相続人が生前に定期金の給付を受けていた場合において，被相続人の死亡によって，他の者がその定期金の給付を受ける権利を取得した場合には，その受取人が定期金に関する権利を相続または遺贈により取得したものとみなされます（相法3①五）。これは，その定期金を受け取る原資は，被相続人が負担済みであり，被相続人の財産を相続するのと実質的には同じであるためです。

> ### チェックポイント！
>
> ■　被相続人の死亡後も，遺族に支給される企業年金はありませんか。
> ⇒　遺族に支給される企業年金は，定期金に関する権利に該当することから，みなし相続財産として相続税の課税対象となります（相基通3-29）。
> ■　定期金として受け取っている退職手当金等も定期金に関する権利として処理していませんか。
> ⇒　定期金として受け取っている退職手当金等であっても，定期金に関する権利ではなく，あくまで退職手当金等として取り扱われます（相基通3-47）。

9 相続税の非課税財産

1 あらまし

相続税法では，みなし相続財産も含めて，その相続した財産のすべてが課税の対象とされています。しかし，その相続財産の中には，社会政策的見地や国民感情の面から課税すべきでない財産も含まれていることから，以下の財産は非課税財産として相続税の課税価格に算入しないこととしています（相法12，措法70）。

(1) 皇室経済法7条の規定により皇位とともに皇嗣が受けた物

(2) 墓所，霊びょうおよび祭具並びにこれらに準ずるもの

(3) 一定の公益事業を行う者が取得した公益事業用財産

(4) 条例による心身障害者扶養共済制度に基づく給付金の受給権

(5) 相続人が取得した生命保険金等のうち一定の金額

(6) 相続人が取得した退職手当金等のうち一定の金額

(7) 相続税の申告書の提出期限までに国等に寄附した財産

2 解説とチェックポイント

2—1 一定の公益事業を行う者が取得した公益事業用財産

宗教，学術などの公益を目的とする事業を行う一定の者が，公益目的事業の用に供することが確実である財産を相続または遺贈により取得した場合には，その財産は非課税とされます（相法12①三）。この取扱いは，民間公益事業の保護等を考慮してのものですが，一方で相続税の租税回避を防止するため，厳格な要件が付されています。この要件については，個別通達「贈与税の非課税財産（公益を目的とする事業の用に供する財

産に関する部分）及び持分の定めのない法人に対して財産の贈与等が
あった場合の取扱いについて（https://www.nta.go.jp/law/tsutatsu/
kobetsu/sozoku/640609-2/01.htm）」を参考に検討することになります。

> **チェックポイント！**

■　公益事業用財産は，取得してから2年間は公益事業の用に供し続け
　ることが要件だと理解していますか。
　⇒　相続当初にその財産を公益事業の用に供したことから非課税とし
　　て申告していても，その取得から2年経過時において公益事業の用
　　に供していない場合には，非課税とはならず相続税が課されます
　　（相基通12-6）。
■　いわゆる「庭内神し」の敷地等を，非課税財産とした取扱い変更を
　理解していますか。
　⇒　「庭内神し」はそもそも非課税財産でしたが，平成24年6月21日
　　東京地裁を受け，「庭内神し」と密接不可分の関係にある相当範囲
　　の敷地や附属設備も一体の物として，非課税財産とする取扱いに変
　　更されています。

2－2　生命保険金等および退職手当金等のうち一定の金額

　被相続人の死亡によって支給される死亡保険金や死亡退職金は，被相
続人死亡後の相続人の生活の安定等のために必要な資金であるといえま
す。そのような資金への配慮から，相続人が取得する死亡保険金や死亡
退職金については，一定の金額が非課税とされています（相法12①五・
六）。

　この非課税とされる一定の金額とは，以下の算式により計算した金額
で，取得した死亡保険金または死亡退職金がその金額に満たない場合は，
死亡保険金または死亡退職金の全額が非課税となります。

$$500万円 \times 法定相続人数 \times \frac{その相続人が取得した保険（退職）金の合計額}{すべての相続人が取得した保険（退職）金の合計額}$$

> チェックポイント！

■ 相続人が取得した死亡保険金等のみを非課税の対象としていますか。
　⇒　死亡保険金および死亡退職金が非課税となるのは，相続人の生活への配慮であるため，相続人以外の者が取得した場合には非課税の対象とはなりません。つまり，法定相続人であっても相続を放棄した場合には，非課税となりません。

■ 非課税額を計算する際の法定相続人の数は，第2表のAの数と一致していますか。
　⇒　法定相続人の数は，相続税法15条2項の相続人の数であるため，相続の放棄があってもその放棄がなかった場合の相続人の数となります。また，養子数の制限についても注意が必要です。

図表9－1　生命保険金などの明細書

生命保険金などの明細書

被相続人		第9表

2　課税される金額の計算

この表は，被相続人の死亡によって相続人が生命保険金などを受け取った場合に，記入します。

保険金の非課税限度額	［第2表のⒶの法定相続人の数］（500万円× 　人 により計算した金額を右のⒶに記入します。）			Ⓐ 　　,000,000 円
保険金などを受け取った相続人の氏名	① 受け取った保険金などの金額	② 非課税金額 $\left(Ⓐ \times \dfrac{各人の①}{Ⓑ} \right)$	③ 課税金額 （①－②）	
	円	円	円	

■ 弔慰金の全額を死亡退職金に含めていませんか。
　⇒　弔慰金は，一定の金額までは相続税および所得税が非課税とされています（相基通3-20）。ただし，その一定の金額を超える部分の弔慰金の額については，死亡退職金に含まれます。この一定の額は，

業務上の死亡であれば普通給与の 3 年分，それ以外の死亡であれば普通給与の半年分とされています。

2 ― 3　相続税の申告書の提出期限までに国等に寄附した相続財産

　相続や遺贈によって取得した財産を，国・地方公共団体や特定の公益法人等に寄附した場合や特定の公益信託の信託財産とするために支出した場合には，その寄附をした財産や支出した金銭は，相続税の対象となりません（措法70①③）。これは，相続直後のこれらの法人等への寄附または支出は，被相続人の意思に基づき行われることが多いことに配慮して設けられている措置です。この特例の適用にあたっては，申告書において詳細を記載し，以下の書類を添付する必要があります（措法70⑤，措規23の 3 ②・23の 4 ③）。

- 国・地方公共団体が寄附を受けた旨，寄附を受けた年月日および財産の明細並びに財産の使用目的を記載した書類
- 特定の公益法人等に該当する旨を設立団体または所轄庁が証明した書類
- 受領した金銭が特定公益信託の信託財産とするためのものである旨，金銭の額および受領した年月日を証する書類並びに特定公益信託に関する主務大臣の認定に係る書類（特定公益信託に係る認定年月日があるものに限ります）

チェックポイント！

■　相続税が課税される財産のすべてがこの特例の対象になるわけではないことを理解していますか。
⇒　相続開始前 3 年（令和 6 年 1 月 1 日以降の贈与については 7 年）以内の贈与により取得したものおよび相続時精算課税の適用を受けるものは，この特例の対象にはなりません（措通70-1-5）。

10 債務控除

1 あらまし

　民法では，被相続人の財産に属した一切の権利義務を相続人が承継するとされており（民法896），消極財産としての債務も承継することになります。相続税法では，相続税の計算上，被相続人の借入金などの債務を遺産総額から控除します（相法13①一）。また，被相続人に係る葬式費用も控除することができます（相法13①二）。

2 解説とチェックポイント

2−1 債務の範囲

　控除する債務は，被相続人が死亡したときに現に存する債務で確実と認められるものです（相法14）。被相続人に課される税金で，相続発生後に納期限が到来する準確定申告による所得税や1月1日が賦課期日の固定資産税や住民税は，当然に債務控除が可能です。不動産取得税は，相続発生前に賦課決定されていれば，債務控除できます。賦課決定日は，不動産取得税を申告した日や，納税通知が届いた日ではないので，注意が必要です。

チェックポイント！

■　被相続人が他人の借入金の保証人になっている場合，その保証債務を債務控除していませんか。
　⇒　履行し，かつ，求償不能になるまで，保証債務は原則として債務控除の対象となりません。保証債務は確実な債務とはいえないから

です（相基通14-3）。ただし，相続開始時に主たる債務者が弁済不能の状態で，保証人が債務を履行しなければならず，かつ，主たる債務者に求償権が行使できない場合に限り，行使不能部分の金額が債務控除の対象となります。

■ 被相続人が連帯債務者になっている場合に，全額債務控除していませんか。

⇒ 連帯債務の場合，負担割合分のみが債務控除の対象となりますので，負担割合を確認する必要があります。民法の原則では頭割りですが，当事者間で特約を結んでいる場合がありますので，確認が必要です。ただし，特約がなくても，各自が受けた経済的利益の額が明確であれば，その利益の割合によることが可能と解されています（平成18年12月15日裁決）。

■ お墓の未払代金を債務控除していませんか。

⇒ 被相続人が生前に購入したお墓に関する未払代金は，非課税財産の未払金なので債務控除できません（相法13③，相基通13-6）。

■ 準確定申告による所得税の延滞税や加算税を債務控除していませんか。

⇒ 相続人の責任に基づき納付，徴収される延滞税，加算税などは債務控除できません（相令3）。

■ 団体信用生命保険で相殺される住宅ローン等を債務控除していませんか。

⇒ 団体信用生命保険契約に基づき，被相続人の死亡による保険金によって補てんされることが確実であるため，相続人が支払う必要のない債務です（昭和63年4月6日裁決）。

■ 遺言執行費の支払債務を債務控除していませんか。

⇒ 遺言執行者は遺言で指定されるものですが，執行費用の支払債務は被相続人が生前に負担すべき債務ではなく，相続人が負担すべき債務であることから債務控除はできません。税理士に支払う相続税申告報酬も同様です。

2 ― 2　葬式費用

　葬式費用は被相続人の債務ではありませんが，相続税の課税価格の計算上，遺産総額から差し引くことができます（相法13①二）。具体的範囲は，通達で定められています（相基通13-4）。領収書があるものに限られず，いわゆる心づけも，葬式費用として控除できます。なお，債務

控除は，本来，債務を承継することになる相続人や包括受遺者に限られるのですが，実際に負担した葬式費用は，相続を放棄した場合でも，債務控除を認めています（相基通13-1）。

チェックポイント！

■ 香典返し費用を葬式費用に含めていませんか。
　⇒　受け取った香典は贈与税の非課税財産（相基通21の3-9）ですので，香典返し費用を葬式費用に含めることはできません。なお，会葬御礼としてクオカードや商品券などのいわゆる即日返し費用は，債務控除の対象となります。
■ 初七日や法事などのためにかかった費用を葬式費用に含めていませんか。
　⇒　葬式費用には含まれません。同様に墓地の取得や借入費用も葬式費用とすることはできません。ただし最近は初七日法要を告別式当日に行うことが多くなっています。この場合は明確に金額が区別されている場合を除き，葬式費用に含めて差し支えありません。
■ 初七日あるいは四十九日に納骨費用が払われている場合，葬式費用としていますか。
　⇒　初七日あるいは四十九日の費用と納骨費用が明確に区別されている場合は，納骨費用は葬式費用になると考えられます。
■ 各人の取得する相続財産の価額から控除する債務は正しく計算していますか。
　⇒　各人の取得する相続財産の価額よりも債務の額のほうが大きい場合でも，課税価格がマイナスになることはありません。なお，その場合，相続税の計算とは別に，特定の者が取得した財産以上の債務を引き受けたことによる贈与税の課税関係が生じるリスクがあります。
■ 相続放棄をした人について，債務控除を行っていませんか。
　⇒　原則的には，債務控除を行うことはできません。ただし，相続を放棄したが，生命保険金を受け取った場合に葬式費用を負担するときは葬式費用を控除できます。
■ 内縁関係にある者が死亡保険金を受け取り，葬式費用を負担している場合にその費用を控除していませんか。
　⇒　相続人でない者は葬式費用の控除はできません。

10 債務控除　51

3　記載例

債務及び葬式費用の明細書

被相続人	相続太郎

第13表（令和2年4月分以降用）

1　債務の明細（この表は、被相続人の債務について、その明細と負担する人の氏名及び金額を記入します。なお、特別寄与者に対し相続人が支払う特別寄与料についても、これに準じて記入します。）

債　務　の　明　細					負担することが確定した債務	
種類	細目	債権者 氏名又は名称	住所又は所在地	発生年月日 弁済期限	金額	負担する人の氏名	負担する金額
公租公課	令和6年分 固定資産税	京田辺市役所		6・1・1 ・・・	210,900	相続一郎	210,900
〃	令和6年分 所得税	宇治税務署		6・6・9 ・・・	357,800	〃	357,800
〃	令和6年分 住民税	京田辺市役所		6・1・1 ・・・	560,700		560,700
合　　計							

> 負担者が決まっていないときは，法定相続分に応じて負担するものとして債務控除を計算します。

2　葬式費用の明細（この表は、被相続人の葬式に要した費用について、その明細と負担する人の氏名及び金額を記入します。）

葬　式　費　用　の　明　細				負担することが確定した葬式費用	
支払先 氏名又は名称	住所又は所在地	支払年月日	金額	負担する人の氏名	負担する金額
○○寺	京田辺市○○ ×丁目×番×号	6・6・12	800,000	相続花子	800,000
○○葬儀社	京田辺市○○ ×丁目×番×号	6・6・12	1,500,000	〃	1,500,000
		・・・			
		・・・			
		・・・			
		・・・			
合　　計					

3　債務及び葬式費用の合計額

債務などを承継した人の氏名		（各人の合計）			
債務	負担することが確定した債務 ①	円	円	円	円
	負担することが確定していない債務 ②				
	計（①＋②）③				
葬式費用	負担することが確定した葬式費用 ④				
	負担することが確定していない葬式費用 ⑤				
	計（④＋⑤）⑥				
合　　計（③＋⑥）⑦					

（注）　1　各人の⑦欄の金額を第1表のその人の「債務及び葬式費用の金額⑬」欄に転記します。
　　　　2　③、⑥及び⑦欄の金額を第15表の㉝、㉞及び㉟欄にそれぞれ転記します。

第13表（令6.7）　　　　　　　　　　　　　　　　　　　　　　　　　　　　　　　（資4-20-14-A4統一）

11 基礎控除と相続税の計算

1 あらまし

相続税の計算は，次の順序で行います。

2 解説とチェックポイント

2—1 各人の課税価格の計算

まず，相続や遺贈および相続時精算課税の適用を受ける贈与によって財産を取得した者ごとに，課税価格を次のように計算します。

相続または遺贈により取得した財産の価額 ＋ みなし相続等により取得した財産の価額 － 非課税財産の価額 ＋ 相続時精算課税に係る贈与財産の価額 － 債務および葬式費用の額

＝ 純資産価額（赤字のときは０）

純資産価額 ＋ 相続開始前７年以内の贈与財産の価額 ＝ 各人の課税価格（千円未満切捨て）

> チェックポイント！

■ 相続時精算課税適用者がその特定贈与者から相続または遺贈により財産を取得しない場合に，特定贈与者からの贈与財産を相続税の課税価格に算入していますか。
⇒ 相続時精算課税適用者が特定贈与者から相続または遺贈により財産を取得しない場合であっても，相続時精算課税の適用を受けるその特定贈与者からの贈与財産は相続または遺贈により取得したものとみなされ，贈与の時の価額で相続税の課税価格に算入されます（相法21の16）。

11 基礎控除と相続税の計算　53

■　贈与税の基礎控除額以下であった相続開始前7年以内の贈与財産を
相続税の課税価格に加算していますか。
　⇒　贈与税の基礎控除額以下の贈与財産であっても，相続開始前7年
　　以内のものは相続税の課税価格に加算します（相法19①）。ただし，
　　加算対象贈与財産のうち相続開始前3年以内に取得した財産以外の
　　ものは，その財産の価額の合計額から100万円を控除した残額を相
　　続税の課税価格に加算します。
■　相続税の課税価格は，財産を取得した者ごとに計算するとされてい
ることを理解していますか。
　⇒　被相続人に資産3億円，負債1億円の財産があったとしても，課
　　税の対象となる価格が3億円－1億円＝2億円になるとは限りませ
　　ん。なぜなら，相続税の課税価格は財産を取得した者ごとに計算す
　　ることとされているため，たとえばアパート5,000万円，借入金1
　　億円を相続した相続人の課税価格は，マイナス5,000万円ではなく，
　　零と算定されるからです。

2—2　相続税の総額の計算

相続税の総額は，次のように計算します。

(1)　上記2—1で計算した各人の課税価格を合計して，課税価格の合
　　計額を計算します。

　　　各相続人の課税価格の合計＝課税価格の合計額

(2)　課税価格の合計額から基礎控除額を差し引いて，課税される遺産
　　の総額を計算します。

　　　課税価格の合計額－基礎控除額（3,000万円＋600万円×法定相続人の
　　　数）＝課税遺産総額

(3)　上記(2)で計算した課税遺産総額を，各法定相続人が民法に定める
　　法定相続分に従って取得したものとして，各法定相続人の取得金額
　　を計算します。

　　　課税遺産総額×各法定相続人の法定相続分
　　　＝法定相続分に応ずる各法定相続人の取得金額（千円未満切捨て）

(4) 上記(3)で計算した各法定相続人ごとの取得金額に税率を乗じて相続税の総額の基となる税額を算出します。

法定相続分に応ずる各法定相続人の取得金額×税率＝算出税額

(5) 上記(4)で計算した各法定相続人ごとの算出税額を合計して相続税の総額を計算します。

チェックポイント！

■　相続税の総額を計算する場合の取得金額等の端数処理を理解していますか。
⇒　相続税の総額を計算する場合の「その各取得金額」に1,000円未満の端数があるときもしくはその全額が1,000円未満であるときまたは相続税の総額に100円未満の端数があるときは，その端数金額またはその全額を切り捨てても差し支えないものとされています（相基通16-3）。

2―3　各人ごとの相続税額の計算

相続税の総額を，財産を取得した人の課税価格に応じて割り振って，財産を取得した人ごとの税額を計算します（相法17）。

相続税の総額×各人の課税価格÷課税価格の合計額＝各相続人等の税額

※　各人の課税価格がその合計額に占める割合に小数点以下2位未満の端数がある場合には，納税者の選択により，各人の割合の合計値が1となるように端数を調整して計算して構いません（相基通17-1「あん分割合」）。

2―4　各人の納付税額の計算

上記2―3で計算した各相続人等の税額から各種の税額控除額を差し引いた残りの額が各人の納付税額になります。

ただし，財産を取得した人が被相続人の配偶者，父母，子供以外の者である場合，税額控除を差し引く前の相続税額にその20％相当額を加算

した後，税額控除額を差し引きます（相法18①）。

　なお，子供が被相続人の死亡以前に死亡しているときは代襲相続人となる孫（その子供の子）について２割加算の必要はありませんが，原則として，孫養子については２割加算が適用されることになります（相法18②）。

　各種の税額控除等は次の順序で計算します。

各相続　相続税　暦年課税　配偶者
人等の＋額の２－分の贈与－の税額－未成年－障害者－相次相－外国税
税額　　割加算　税額控除　軽減　　　者控除　控除　　続控除　額控除

＝各相続人等の控除後の税額（赤字の場合は０になります）

各相続人等の　　相続時精算課税分の贈与税相　　各相続人等の納付
控除後の税額　－　当額（外国税額控除前の税額）＝　すべき税額（※）

※　各相続人等の納付すべき税額が赤字の場合

赤字となった金額　　　　相続時精算課税分の贈与　　還付される
（マイナスは付けません）－　税の計算をする際，控除＝　税額
　　　　　　　　　　　　　した外国税額

チェックポイント！

■　相続の放棄をした人を法定相続人の数から除外していませんか。
　⇒　法定相続人の数は，相続の放棄をした人がいても，その放棄がなかったものとした場合の相続人の数をいいます（相法15②）。
■　法定相続人のなかに養子がいる場合の法定相続人の数の算定について理解していますか。
　⇒　被相続人に実子がいる場合は，養子のうち１人までを法定相続人に含めます。
　　　被相続人に実子がいない場合は，養子のうち２人までを法定相続人に含めます。
■　相続人の数が零である場合の基礎控除額を０円としていませんか。
　⇒　相続人の数が零である場合における遺産に係る基礎控除額は，3,000万円となります。

12 ７年内贈与加算・配偶者の税額軽減

1 あらまし

相続などにより財産を取得した者が，被相続人からその相続開始前７年以内に贈与を受けた財産があるときには，その者の相続税の課税価格に，贈与を受けた財産の贈与時の価額を加算することになっています。ただし，加算対象贈与財産のうち相続開始前３年以内に取得した財産以外のものは，その財産の価額の合計額から100万円を控除した残額を相続税の課税価格に加算します。

配偶者の税額軽減とは，被相続人の配偶者が遺産分割や遺贈により実際に取得した正味の遺産額が，次の金額のどちらか多い金額までは，配偶者に相続税はかからないという制度です。

(1) １億6,000万円

(2) 配偶者の法定相続分相当額

（注）この制度の対象となる財産には，仮装または隠蔽されていた財産は含まれません。

2 解説とチェックポイント

2―1 ７年内贈与加算

（1）加算される贈与財産の範囲

加算される贈与財産	被相続人から生前に贈与された財産のうち，相続開始前７年以内に贈与されたもの
加算されない贈与財産	(1) 贈与税の配偶者控除の特例を受けているまたは受けようとする財産のうち，その配偶者控除額（上限2,000万円）に相当する金額

⑫　７年内贈与加算・配偶者の税額軽減　57

(2)　直系尊属から贈与を受けた住宅取得等資金のうち，非課税の適用を受けた金額
(3)　直系尊属から一括贈与を受けた教育資金のうち，非課税の適用を受けた金額
（上記の金額のうち，贈与者死亡時の管理残額については，相続等により取得したものとみなして，相続税の課税価格に加算される場合があります）
(4)　直系尊属から一括贈与を受けた結婚・子育て資金のうち，非課税の適用を受けた金額
（上記の金額のうち，贈与者死亡時の管理残額については，相続等により取得したものとみなして，相続税の課税価格に加算される場合があります）

> チェックポイント！

■　相続開始前７年以内の贈与財産を相続開始時点の相続税評価額で課税価格に加算していませんか。
　⇒　相続開始前７年以内の贈与財産は，その財産の贈与の時における価額で相続税の課税価格に加算されます。
■　相続の放棄等により，財産を取得しなかった相続人等についても相続開始前７年以内の贈与財産を相続税の課税価格に加算していませんか。
　⇒　相続または遺贈により財産を取得しなかった者については，相続開始前７年以内の贈与財産は相続税の課税価格に加算しません。ただし，相続時精算課税適用者を除きます。
■　相続または遺贈により取得した負債の額が資産の額よりも大きい場合に，債務控除しきれなかった残額を相続開始前７年以内の贈与財産から控除していませんか。
　⇒　相続開始前７年以内に贈与によって取得した財産の価額を相続税の課税価格に加算する場合においても，その加算した財産の価額からは債務控除ができません。
■　相続開始前７年以内に贈与税の配偶者控除の適用を受けた居住用不動産または金銭について，相続税の課税価格に加算していませんか。
　⇒　贈与税の配偶者控除の適用を受けた居住用不動産等のうち，贈与税の非課税とされた部分については，相続税の課税価格に加算する必要はありません。
■　相続開始前７年以内の基礎控除額110万円以下の贈与財産を相続税

の課税価格に加算していますか。
- ⇒ 贈与税の基礎控除額以下の贈与額についても，相続開始前7年以内の贈与財産であれば，相続税の課税価格に加算します。
- ■ 相続が開始した年に贈与された財産を相続税の課税価格に加算していますか。
- ⇒ 被相続人が死亡した年に贈与されている財産も相続税の課税価格に加算します。しかし，贈与税の課税価格には算入されないとしていますので，贈与税の申告は必要ありません（相法21の2④）。ただし，贈与税の配偶者控除の適用を受ける場合には必ず贈与税の申告が必要となりますので，注意が必要です（相法21の6②）。
- ■ 死亡保険金の受取人である相続人でない孫について，7年以内の贈与財産の有無を確認しましたか。
- ⇒ 孫は，被相続人である祖父母の養子になっている場合や，代襲相続人となる場合を除き，相続時精算課税適用者でない以上，相続開始前7年以内の加算は原則として不要です。しかし，孫が死亡保険金の受取人となっている場合などは，孫も「遺贈により財産を取得した者」となるため，相続開始前7年以内の贈与財産の加算の適用があります。

（2）改正による加算期間の注意点

　生前贈与加算は，令和5年度税制改正によって，改正前は相続開始前3年以内の贈与が対象だったものが7年に延長されています。令和6年1月1日以後の贈与財産に係る相続税について適用されるため，贈与の時期と加算対象期間に注意が必要です。

贈与の時期		加算対象期間
～令和5年12月31日		相続開始前3年間
令和6年1月1日～	贈与者の相続開始日	
	令和6年1月1日～令和8年12月31日	相続開始前3年間
	令和9年1月1日～令和12年12月31日	令和6年1月1日～相続開始日
	令和13年1月1日～	相続開始前7年間

2―2　配偶者の税額軽減を受けるための手続

(1)　税額軽減の明細を記載した相続税の申告書または更正の請求書に戸籍謄本と遺言書の写しや遺産分割協議書の写しなど，配偶者の取得した財産がわかる書類を添付します。遺産分割協議書の写しには印鑑証明書も添付します。

(2)　相続税の申告後に行われた遺産分割に基づいて配偶者の税額軽減を受ける場合は，分割が成立した日の翌日から4ヵ月以内に更正の請求を行います。

チェックポイント！

■　隠蔽または仮装に係る財産があった場合には，配偶者の税額軽減制度の対象外となることを理解していますか。
⇒　納税義務者の隠蔽または仮装により過少申告があった場合の配偶者に対する相続税額の軽減の金額の計算における「課税価格の合計額」とは，「課税価格の合計額から隠蔽仮装行為による事実に基づく金額に相当する金額を控除した残額」とされ，「配偶者に係る相続税の課税価格に相当する金額」とは，「課税価格から隠蔽仮装行為による事実に基づく金額に相当する金額を控除した残額」とされています。
■　制限納税義務者となる配偶者についても，税額軽減の適用を受けていますか。
⇒　配偶者に対する相続税額の軽減の規定は，財産の取得者が無制限納税義務者または制限納税義務者のいずれに該当する場合であっても適用があります。
■　内縁関係にある者について，配偶者の税額軽減の規定の適用をしていませんか。
⇒　配偶者の税額軽減の対象となる者は，婚姻の届出をした者に限りますので，内縁関係にある者は，適用対象とはなりません。
■　相続を放棄した配偶者について，配偶者の税額軽減の規定の適用を除外していませんか。
⇒　配偶者の相続税額の軽減の規定は，配偶者が相続を放棄した場合であってもその配偶者が遺贈により取得した財産があるときは，適用があります。

■ 申告期限までに分割されていない財産であっても，分割された時点で配偶者の税額軽減の適用を受けられることを理解していますか。

⇒ 相続税の申告書に「申告期限後3年以内の分割見込書」を添付したうえで，申告期限までに分割されなかった財産について申告期限から3年以内に分割したときは，税額軽減の対象になります。

なお，遺産分割が訴訟となるなど相続税の申告期限から3年を経過する日までに分割できないやむを得ない事情があり，税務署長の承認を受けた場合で，その事情がなくなった日の翌日から4ヵ月以内に分割されたときも，税額軽減の対象になります。

■ 未分割で相続税の申告を行った場合の更正の請求期限について，全ての遺産の分割が成立した日から4ヵ月以内だと認識していませんか。

⇒ 配偶者の税額軽減や小規模宅地の特例等の適用は，遺産分割協議が成立していることが要件ですが，必ずしも一度に全ての遺産の分割が成立するとは限らないため，更正の請求期限については分割の都度，確認する必要があります。

被相続人の氏名 _____

申告期限後3年以内の分割見込書

相続税の申告書「第11表（相続税がかかる財産の明細書）」に記載されている財産のうち、まだ分割されていない財産については、申告書の提出期限後3年以内に分割する見込みです。

なお、分割されていない理由及び分割の見込みの詳細は、次のとおりです。

1 分割されていない理由

共同相続人間で遺産分割の協議が調わないため。

Column 4 金融機関から提案を受ける持株会社スキーム

「金融機関から持株会社を設立して事業承継をやりませんか，と提案を受けたのですが，どうしたものでしょうか。」

顧問先の社長さんからこのような相談を受けた税理士事務所は少なくないでしょう。このような提案を受けることは会社としては名誉なことです。金融機関からは株式の価値が高騰している優良銘柄との評価を受けたということになります。社長としては胸を張っても良い喜ばしい提案ですが，実行に移すかどうかは慎重な判断が必要です。

そもそも金融機関が提案する持株会社のスキームとはどのようなものなのでしょうか。以下，持株会社スキームの流れを説明します。

① 後継者である社長の子供等が出資をして持株会社を設立します。

② 持株会社は，金融機関から事業会社の株式を買い取る資金を借入れします。

③ 社長が所有している事業会社の株式を持株会社に売却します。このとき，社長に株式の譲渡所得が生じる場合には，翌年に所得税等の確定申告が必要になります。

④ 持株会社は事業会社からの配当金により，金融機関への借入金を返済します。

このスキームで重要となるのは，持株会社が社長から買い取る際の事業会社の株式の評価額です。個人が法人に対して非上場株式を売却する場面ですから，財産評価基本通達ではなく，所得税基本通達59－6が適用されます。すなわち，類似業種比準価額は最大で50％までしか利用できないことや純資産価額の算定上，上場有価証券，土地について相続税評価額ではなく実勢価格により評価しなければならないこと，さらには，評価差額に対する法人税額等の控除が出来ないことなどを織り込んだ評価額になるということです。

多くのケースで，財産評価基本通達より所得税基本通達59－6で評価したほうが高くなるはずです。社長が売却せずにそのまま保有していれば1億円の評価額であった非上場株式が所得税基本通達59－6で評価したら3億円の価額になった，などということは決して珍しいことではありません。

このようなケースの場合，譲渡所得税を支払った後で2億数千万円の現預金が社長の手元に残ることになり，相続財産の価額は非上場株式を持ったままの状態の1億円から2倍以上に増えることになります。

親から子への事業承継は成就したとしても，相続税対策の側面からは決して成功したとはいえないでしょう。

財産評価基本通達と所得税基本通達とで，非上場株式の評価額に大きな乖離がある場合には，スキームの見直しが必要になることもあるかもしれません。

(岡野　訓)

13 未成年者・障害者の税額控除, 相次相続控除

1 未成年者の税額控除

相続人が未成年者の場合には，相続税の額から未成年者控除額を差し引きます。

この未成年者控除の額は，その未成年者が満18歳になるまでの年数1年につき10万円で計算した額です。なお，年数の計算にあたり，1年未満の端数がある場合には，その端数を切り上げて1年として計算します。

未成年者控除額が，その未成年者本人の相続税額よりも大きいため，控除額の全額を引き切れない場合には，その引き切れない部分の金額をその未成年者の扶養義務者の相続税額から差し引きます。

チェックポイント！

■ 相続を放棄している未成年者については未成年者控除の適用ができないと考えていませんか。
⇒ 相続を放棄した未成年者であっても，遺贈により取得した財産がある場合には，未成年者控除の適用が受けられます（相基通19の3－1）。

2 障害者の税額控除

相続人が85歳未満の障害者である場合には，相続税の額から障害者控除額を差し引きます。この障害者控除の額は，その障害者が85歳になるまでの年数1年につき10万円で計算した額です。なお，年数の計算にあたり，1年未満の端数がある場合には，その端数を切り上げて1年とし

13 未成年者・障害者の税額控除，相次相続控除　63

て計算します。

障害者控除額が，その障害者本人の相続税額より大きいため，控除額の全額を引き切れない場合には，その引き切れない部分の金額をその障害者の扶養義務者の相続税額から差し引きます。

チェックポイント！

■　未成年者の税額控除または障害者の税額控除の適用者について，過去に同制度の適用を受けたことがないか確認しましたか。
⇒　未成年者または障害者が２回以上相続した場合には，２回目以降の控除額は，現在までの控除不足額の範囲内に限り控除が受けられることになります（相法19の３③・19の４③）。
■　相続または遺贈により財産を取得していない未成年者または障害者の控除分を他の扶養義務者の相続税額から控除していませんか。
⇒　未成年者の税額控除または障害者の税額控除はその未成年者または障害者が相続または遺贈により財産を取得している場合にのみ適用されます。
■　相続開始時に身体障害者手帳等の交付を受けていない者は，すべて障害者控除が受けられないと判断していませんか。
⇒　相続開始時に身体障害者手帳等の交付を受けていない者であっても，次のいずれの要件にも該当する者については障害者控除の適用が受けられます。
①　申告書を提出する時において，手帳の交付を受けていることまたは手帳の交付を申請中であること
②　医師の診断書等により，相続開始時の現況において，明らかに障害者手帳等に記載される程度の障害があると認められる者であること

3　相次相続控除

10年以内に２回以上の相続があり，第１次相続により財産を取得した者から第２次相続により財産を取得した場合には，第２次相続に係る相続税額から次の金額を控除することとされています（相法20）。

$$A \times \frac{C}{B-A} \quad \left(求めた割合が\frac{100}{100}を超えるときは, \frac{100}{100}とします\right)$$

$$\times \frac{D}{C} \times \frac{10-E}{10} = 控除額$$

（注）算式中の符号は，次のとおりとなります。

A：今回の被相続人が前の相続に際に課せられた相続税額（この相続税額は，相続時精算課税分の贈与税額控除後の金額をいい，その被相続人が納税猶予の適用を受けていた場合の免除された相続税額ならびに延滞税，利子税および加算税の額は含まれません）

B：今回の被相続人が前の相続の際に取得した純資産価額（取得財産の価額＋相続時精算課税適用財産の価額－債務および葬式費用の金額）

C：今回の相続，遺贈や相続時精算課税に係る贈与によって財産を取得したすべての人の純資産価額の合計額

D：今回のその相続人の純資産価額

E：前の相続から今回の相続までの期間（1年未満の期間は切り捨てます）

13 未成年者・障害者の税額控除，相次相続控除　　65

チェックポイント！

■　遺贈により財産を取得した相続放棄者や相続権を失った者について，相次相続控除の適用対象としていませんか。

⇒　相続を放棄した者および相続権を失った者については，たとえその者について遺贈により取得した財産がある場合においても，相続による取得ではないものとして，相次相続控除の規定は適用されません（相基通20-1）。

■　第1次相続に係る相続税額に，延滞税，利子税および加算税額を含めていませんか。

⇒　相次相続控除の控除額の基となる第1次相続に係る相続税額は，本税のみが対象となります。

■　第2次相続に係る被相続人が農業相続人として納税猶予の適用を受けていた場合，その納税猶予分の相続税を相次相続控除額の計算の対象としていませんか。

⇒　第1次相続において農地等の相続に係る相続税の納税猶予の適用を受けていた場合，その納税猶予分の相続税は農業相続人の死亡により免除されるので，相次相続控除の対象となりません。

■　相次相続控除額を計算する場合の取得財産の価額に非課税財産の価額を含めていたり，債務控除額を控除し忘れたりしていませんか。

⇒　相次相続控除額を計算する場合の取得財産の価額は，非課税財産の価額は含まれず，債務控除の金額がある場合には，その債務控除額を控除した後の金額となります（相基通20-2）。

4　記載例

未成年者控除額
障害者控除額 **の計算書**　　被相続人　　　　　　　　第6表（令和5年1月分以降用）

1　未成年者控除（この表は、相続、遺贈や相続時精算課税に係る贈与によって財産を取得した法定相続人のうちに、満18歳にならない人がいる場合に記入します。）

未成年者の氏名					計
年　齢（1年未満切捨て）①	歳	歳	歳	歳	
未成年者控除額②	10万円×(18歳－＿＿歳) = 0,000円	10万円×(18歳－＿＿歳) = 0,000円	10万円×(18歳－＿＿歳) = 0,000円	10万円×(18歳－＿＿歳) = 0,000円	円 0,000
未成年者の第1表の(⑨－⑪－⑫－⑱)又は(⑳－⑪－⑫－㉓)の相続税額③					

(注)1　過去に未成年者控除の適用を受けた人は、②欄の…
　　2　②欄の金額と③欄の金額のいずれか少ない方の金額…
　　3　②欄の金額が③欄の金額を超える人は、その超える金額…

| 控除しきれない金額（②－③）④ | | | | | 円 |

①未成年者控除額
　その未成年者が今回の相続以前にも未成年者の税額控除を受けているときは，控除額が制限されることがあります。

（扶養義務者の相続税額から控除する未成年者控除額）
　④欄の金額は、未成年者の扶養義務者の相続税額から控除することができますから、その金額を扶養義務者間で協議の上、適宜配分し、次の⑥欄に記入します。

扶養義務者の氏名					
扶養義務者の第1表の(⑨－⑪－⑫－⑱)又は(⑳－⑪－⑫－㉓)の相続税額⑤	円				
未成年者控除額⑥					

(注)　各人の⑥欄の金額を未成年者控除を受ける扶養義…

②扶養義務者の相続税額から控除する未成年者控除額
　控除額の全額が引き切れない場合は，その未成年者の扶養義務者の相続税額から控除します。

2　障害者控除（この表は、相続、遺贈や相続時精算課税によって財産を取得した法定相続人のうちに、一般障害者又は特別障害者がいる場合に記入します。）

障害者の氏名	一　般　障　害　者		特　別　障　害　者		計
年　齢（1年未満切捨て）①	歳	歳	歳	歳	
障害者控除額②	10万円×(85歳－＿＿歳) = 0,000円	10万円×(85歳－＿＿歳) = 0,000円	20万円×(85歳－＿＿歳) = 0,000円	20万円×(85歳－＿＿歳) = 0,000円	円 0,000
障害者の第1表の(⑨－⑪－⑫－⑱)又は(⑳－⑪－⑫－㉓)の相続税額③	円	円	円	円	

(注)1　過去に障害者控除の適用を受けた人の控除額は、…
　　2　②欄の金額と③欄の金額のいずれか少ない方の金額…
　　3　②欄の金額が③欄の金額を超える人は、その超え…

| 控除しきれない金額（②－③）④ | | | | | 円 (A) |

③障害者控除額
　その障害者が今回の相続以前にも障害者の税額控除を受けているときは，控除額が制限されることがあります。

（扶養義務者の相続税額から控除する障害者控除額）
　④欄の金額は、障害者の扶養義務者の相続税額から控除することができますから、その金額を扶養義務者間で協議の上、適宜配分し、次の⑥欄に記入します。

扶養義務者の氏名					
扶養義務者の第1表の(⑨－⑪－⑫－⑱)又は(⑳－⑪－⑫－㉓)の相続税額⑤	円				
障害者控除額⑥					

(注)　各人の⑥欄の金額を障害者控除を受ける扶養義…

④扶養義務者の相続税額から控除する障害者控除額
　控除額の全額が引き切れない場合は，その障害者の扶養義務者の相続税額から控除します。

第6表(令6.7)　　　　　　　　　　　　　　　　　(資4－20－7－A4統一)

13 未成年者・障害者の税額控除，相次相続控除   67

相 次 相 続 控 除 額 の 計 算 書

被相続人 _____

第7表（

この表は，被相続人が今回の相続の開始前10年以内に開始した前の相続について，相続税を課税されている場合に記入します。

> **前の相続から今回の相続までの期間**
> 　10年以上であれば，控除額はゼロとなります。

1 相次相続控除額の総額の計算

前の相続に係る被相続人の氏名	前の相続に係る被相続人と今回の相続に係る被相続人との続柄	前の相続に係る被相続人の住所・氏名		
				税 務 署

① 前 の 相 続 の 年 月 日	② 今 回 の 相 続 の 年 月 日	③ 前の相続から今回の相続までの期間（1年未満切捨て）	④ 10 年 － ③ の 年 数
年　月　日	年　月　日	年	年
⑤ 被相続人が前の相続の時に取得した純資産価額（相続時精算課税適用財産の価額を含みます。）	⑥ 前の相続の際の被相続人の相続税額	⑦ （⑤－⑥）の金額	⑧ 今回の相続，遺贈や相続時精算課税に係る贈与によって財産を取得した全ての人の純資産価額の合計額（第1表の④の合計金額）
円	円	円	円

（⑥の相続税額）　　　円 ×	⑧の金額／⑦の金額　　円　[この割合が100を超えるときは100とします。] ×	（④の年数）　　　年／10　年　＝	相次相続控除額の総額 Ⓐ　　　円

2 各相続人の相次相続控除額の計算

(1) 一 般 の 場 合 （この表は，被相続人から相続，遺贈や相続時精算課税に係る贈与によって財産を取得した人のうちに農業相続人がいない場合に，財産を取得した相続人の全ての人が記入します。）

今回の相続の被相続人から財産を取得した相続人の氏名	⑨ 相 次 相 続 控 除 額 の 総 額	⑩ 各相続人の純資産価額（第1表の各人の④の金額）	⑪ 相続人以外の人も含めた純資産価額の合計額（第1表の④の各人の合計）	⑫ 各人の⑩／⑧ の割合	⑬ 各人の相次相続控除額（⑨×各人の⑫の割合）
	（上記Ⓐの金額）	円			円

> **今回の相続の被相続人から財産を取得した相続人の氏名**
> 　相続を放棄した者および相続権を失った者については，相次相続控除の規定は適用されません（相基通20-1）。

(2) 相続人のうちに農業相続人がいる場合 （この表は，被相続人から相続，遺贈や相続時精算課税に係る贈与によって財産を取得した人のうちに農業相続人がいる場合に，財産を取得した相続人の全ての人が記入します。）

今回の相続の被相続人から財産を取得した相続人の氏名	⑭ 相 次 相 続 控 除 額 の 総 額	⑮ 各相続人の純資産価額（第3表の各人の④の金額）	⑯ 相続人以外の人も含めた純資産価額の合計額（第3表の④の各人の合計）	⑰ 各人の⑮／Ⓒ の割合	⑱ 各人の相次相続控除額（⑭×各人の⑰の割合）
	（上記Ⓐの金額）	円			円
			Ⓒ		
	円		円		

(注) 1 ⑤欄の相続時精算課税適用財産の価額は，令和6年1月1日以後の贈与により取得した財産の場合，その贈与により取得した年分ごとに，その財産の価額から相続時精算課税に係る基礎控除額を控除した残額となります。
　　 2 ⑥欄の相続税額は，相続時精算課税分の贈与税額控除後の金額をいい，その被相続人が納税猶予の適用を受けていた場合の免除された相続税額並びに延滞税，利子税及び加算税の額は含まれません。
　　 3 各人の⑬又は⑱欄の金額を第8の8表1のその人の「相次相続控除額③」欄に転記します。

第7表（令6.7）　　　　　　　　　　　　　　　　　　　　　　　　　　　　　　（資4-20-8-A4統一）

14 法人への遺贈

1 あらまし

　法人が遺贈により財産を取得した場合には，その財産の時価により取得したものとして法人税における受贈益課税がされることになります（法法22②）。また，その遺贈によって，同族会社の株式の価額が増加した場合には，その同族会社の株主に対し，被相続人から遺贈があったものとみなされ，相続税が課されることがあります（相法9，相基通9-2）。

チェックポイント！

- ■　遺贈された財産の評価は適正にされていますか。
  - ⇒　法人が遺贈により取得した財産の評価額は相続税評価額ではなく，実勢価額により評価されます。
- ■　財産を取得した法人等の属性により課税関係が異なることを理解していますか。
  - ⇒　財産を取得した法人等の属性により，法人税，相続税，所得税等の課税関係が異なります。以下，具体的に解説していきます。

2 解説とチェックポイント

2―1 みなし譲渡所得課税

　法人に対する遺贈により個人が有する山林（事業所得の基因となるものを除きます）または譲渡所得の基因となる資産の移転があった場合には，その者の山林所得の金額，譲渡所得の金額または雑所得の金額の計算については，遺贈があった時に，その時における価額に相当する金額により，資産の譲渡があったものとみなされます（所法59①）。

その結果，所得が生ずる場合には，相続人は，被相続人に係る所得税の準確定申告をし，所得税を納付しなければなりません（所法125，通則法5）。

> **チェックポイント！**
>
> ■ 譲渡所得の計算において，収入金額を相続税評価額により算定していませんか。
> ⇒ みなし譲渡所得の計算における収入金額は，相続税評価額ではなく，取得した資産の「その時における価額」により算定する必要があります。

2－2　公益法人等に対するみなし譲渡所得課税の特例

公益社団法人，公益財団法人，特定一般法人（非営利徹底型の一般社団法人および一般財団法人）その他の公益を目的とする事業を行う法人に対する財産の遺贈で，その遺贈が教育または科学の振興，文化の向上，社会福祉への貢献その他公益の増進に著しく寄与すること，その遺贈に係る財産が，その遺贈があった日から2年を経過する日までの期間内に，その公益法人等の公益目的事業の用に直接供され，または供される見込みであることその他一定の要件を満たすものとして国税庁長官の承認を受け

租税特別措置法第40条の規定による承認申請書

たものについては，その遺贈がなかったものとみなされます（措法40）。

> **チェックポイント！**

> ■ 財産を取得した公益法人等では，課税関係が生じないと考えていませんか。
> ⇒ 公益法人等は，収益事業課税が原則となるため，遺贈を受けた財産については課税関係が生じません。ただし，被相続人の親族等の特別関係者の相続税の負担が不当に減少する結果となると認められるときには，遺贈を受けた公益法人等を個人とみなして，相続税が課されることになっています（相法66④）。
> また，遺贈財産をその公益目的事業の用に直接供しなくなった場合には，その公益法人等を遺贈を行った個人とみなして，譲渡所得税等が課せられます（措法40③）。
> ■ この特例の適用を受けようとする場合の手続を理解していますか。
> ⇒ この特例の適用を受けようとする場合には，国税庁長官の承認を受けなければなりません。そのためには，「租税特別措置法第40条の規定による承認申請書」を相続開始日から4ヵ月以内に被相続人の納税地の所轄税務署長に提出しなければなりません。

2－3　人格のない社団・財団に対する相続税の課税

　人格のない社団または財団に対して，財産の遺贈があった場合には，社団等を個人とみなして相続税が課せられます（相法66①②）。

　ただし，公益事業用財産に対する非課税規定（相法12①三）との調整から，次の要件を満たす場合には，相続税は課税されません（相令2）。

① 社団等が専ら公益事業を行う者であること

② 公益の増進に寄与するところが著しいこと

③ 事業の運営が特定の者またはその親族等の特別関係者の意思に服さないこと

④ 社団等の機関の地位にある者や遺贈者の特別関係者等に対して特別の利益を与えないこと

2―4　持分の定めのない法人

　持分の定めのない法人に対し財産の遺贈があった場合には，法人税等だけでなく，その法人を個人とみなして相続税が課税される場合があります（相法66④）。ただし，この規定が適用されるのは，遺贈者の親族等の相続税の負担が不当に減少する場合に限られます。もし，この規定が適用された場合には，法人税と相続税が二重に課税されることになるため，法人の受贈益に対する法人税等は，相続税から控除されることになっています（相令33①）。

　また，相続税法施行令33条3項では，運営組織が適正であることや特定の者に特別の利益を与えないことなどの要件を満たした場合には不当減少にあたらないとする，いわばセーフティゾーンを定めています。

不当減少にあたらないとされる要件	運営組織が適正であるとともに，寄附行為，定款または規則において，役員等のうち親族関係を有する者および特殊関係者の数がそれぞれの役員等の数のうちに占める割合が，いずれも3分の1以下とする旨があること
	財産の遺贈をした者，法人の設立者，社員もしくは役員等またはこれらの者の親族等に対し，施設の利用，余裕金の運用，解散した場合における財産の帰属，金銭の貸付け，資産の譲渡，給与の支給，役員等の選任その他財産の運用および事業の運営に関して特別の利益を与えないこと
	定款または規則において，法人が解散した場合に残余財産が国もしくは地方公共団体または公益社団法人もしくは公益財団法人その他の公益を目的とする事業を行う法人（持分の定めのないものに限る）に帰属する旨の定めがあること
	法人につき法令に違反する事実，帳簿書類に取引の全部または一部を隠蔽し，または仮装して記録または記載をしている事実その他公益に反する事実がないこと

　さらに，「その運営組織が適正であるかどうかの判定」についての個別通達も準備されています（https://www.nta.go.jp/law/tsutatsu/kobetsu/sozoku/640609-2/03.htm）。

また，公益法人等に該当しない一般社団法人または一般財団法人にあっては，次に掲げる要件のいずれかを満たさないときは，遺贈者の親族等の相続税の負担が不当に減少する結果となると認められることになります（相令33④）。

① 定款において，役員等のうち親族関係を有する者および特殊関係者の数がそれぞれの役員等の数のうちに占める割合が，いずれも3分の1以下とする旨の定めがあること

② 定款において，法人が解散した場合に残余財産が国もしくは地方公共団体または公益社団法人もしくは公益財団法人その他の公益を目的とする事業を行う法人（持分の定めのないものに限る）に帰属する旨の定めがあること

③ 3年以内に遺贈者に対し，特別の利益を与えたことがなく，かつ，遺贈の時における定款において遺贈者に対し特別利益を与える旨の定めがないこと

④ 3年以内に国税または地方税について重加算税または重加算金を課されたことがないこと

14　法人への遺贈　73

Column 5　債務控除と債務免除益課税事件

高裁（東京高判令和 6 年 1 月25日令和 5 年（行コ）第105号所得税更正処分
取消等請求控訴事件）

　この高裁判決は，地裁段階では納税者一部勝訴だったものが，高裁で納税者
全面勝訴になった事件です。

　相続人らは，被相続人の金融機関に対する債務を相続し，その後，同債務に
ついて被相続人と銀行との間で成立していた一定額の分割金を支払った場合に
は残部について債務免除をするとの裁判上の和解に基づき，銀行から上記債務
の分割金支払後の残部について債務免除を受けた，という内容です。

　この場合に，被相続人の相続税申告において債務控除の金額がいくらなのか，
また債務免除を受けた相続人において一時所得課税が生じるのか，という部分
が論点となりました。

　債務控除に関しては，残り僅かな額を支払えば，残金が債務免除を受けられ
るという状況です。納税者は，当初申告では残債務の額面額について債務控除
をしていましたが，後日，債務控除はできないとして修正申告しています。

　その後，所得税においては債務免除益への一時所得課税を指摘され，審判所
を経由して地裁への訴訟提起に至っています。

　そのため，実際に争ったのは，相続人における一時所得課税が二重課税に当
たり違法であるという部分だけで，地裁では二重課税ではない，高裁では二重
課税に当たり違法，という決着でした。

　同一の経済的価値に対する相続税又は贈与税と所得税との二重課税は排除さ
れるべきであり，債務免除益部分と債務控除が許されなかった債務部分は経済
的価値として同一である，というのが高裁の判断です。

　この結果については，税理士の間でも意見が分かれるところです。

　「二重課税を認めなかったのは妥当な判決だ」，「そもそもこれは二重課税で
はない」，「被相続人段階で債務免除益課税を認識すべきだ」など，さまざまな
見解が見受けられます。

　この事件は，最高裁に上告受理の申立を行っているようですので，その結果
が注目されます。

（村木慎吾）

15 相続税の補完税としての贈与税の役割

1 あらまし

　死亡の際に相続税を課税するのが原則ですが，生前贈与に対しては贈与税を課税し，相続税の課税もれを防いでいます。したがって，贈与税は相続税の補完税としての役割をもつ税金です。

2 解説とチェックポイント

2―1 補完税としての具体的規定

　贈与税には補完税としての具体的な規定があります。生前贈与加算および贈与税額控除（相法19①，相令4①），相続開始の年に被相続人からの贈与があった場合（相法21の2④，「[12] 7年内贈与加算・配偶者の税額軽減」参照）の規定が設けられています。ただし，被相続人の相続開始前3年以内（令和6年1月以後の贈与からは7年以内）に贈与を受けた財産でも，贈与税の配偶者控除の適用を受けた金額に相当する部分または相続のあった年に居住用不動産等の贈与を受けた場合は，相続税の課税価格に加算する必要はありません（相法19②，相令4②）。

　また，基礎控除額は相続税に比べ低く（相法15①・21の5，措法70の2の3），税率については，累進構造が重く設定され（相法16・21の7），生前贈与を抑制する税金になっています。

　そして，相続税と中立な課税を生前贈与加算よりも発展させたのが相続時精算課税です。

15　相続税の補完税としての贈与税の役割　　75

> **チェックポイント！**

- ■　相続開始前に被相続人から相続人への贈与と認められる財産の移転がないかを確認しましたか。
  - ⇒　仮に110万円以下の贈与であっても生前贈与加算の対象になります。
- ■　相続のあった年に贈与を受けた居住用財産のうち，2,000万円を限度とする贈与税の配偶者控除対象額は，相続税の課税価格に加算する必要はありませんが，明細書の添付を失念していませんか。
  - ⇒　明細書の添付がない場合には，相続税の課税価格に含める必要があります。
- ■　教育資金一括贈与の管理残額は把握していますか。
  - ⇒　受贈者が23歳未満である場合などを除き管理残額は贈与者の相続財産に加算する必要があります。ただし拠出時期によっては加算不要の場合もあるので注意が必要です。

2－2　問題となる贈与税の節税手法の分類

　相続税の節税を目的として生前贈与が行われる場合，そのままでは高率の贈与税負担が生じるため，贈与税課税を避けたり軽減したりする傾向で節税が行われやすいといえます。

　課税上，問題となる贈与として，通達上の財産評価方法を利用した節税で不動産について路線価評価額と実勢価額の開差を利用したものや，低額譲渡により家族に利益を受けさせる方法によるもの，法人等を介在させ個人間で利益を移転させるもの，海外の親族に対して国外財産を贈与するもの，公正証書によって不動産の生前贈与を行ったとしながらもあえて登記をせずに除斥期間を経過させるものに分類できます。

> **チェックポイント！**

- ■　過度な生前贈与スキームはどのようなリスクがあるか納税者に説明していますか。
  - ⇒　租税回避と節税は明確に分類できるものではありませんが，理論的な話はともかく，専門家として，どのような調査と課税処分が行われているかという具体的事例にアンテナを張っておく必要があります。

16 生前贈与と令和５年度改正

1 あらまし

　生前贈与が調査の対象になるのは相続税の調査の時であることが多いため，他の税目とは異なる観点からのリスク管理が必要です。

　財産の内容や贈与の時期によって税務調査でどのような指摘の可能性があるかを想定しておく必要があります。過去の贈与だから贈与税の除斥期間が経過しているので問題ないはずだと安易に判断することはできません（図表16―１）。

図表16―１　相続時に過去の贈与が問題になった場合の処理方法
1　期限後申告（申告期限後６年間の除斥期間内の場合） 2　相続開始前７年内の贈与として生前贈与加算（相法19） 3　過去の金銭贈与を立替金・貸付金などの相続財産として申告 4　家族名義の財産と認定し，相続財産として申告

2 解説とチェックポイント

2―1 近年の贈与税改正の傾向

　近年は，若い世代への資産移転を促進するための贈与税の改正が行われています。

　従来からの住宅取得等資金の贈与や贈与税のおしどり贈与・相続時精算課税に加え，自社株納税猶予制度・教育資金の一括贈与などの優遇措置が創設され，18歳以上の直系卑属への贈与については税率が緩和されるなどの改正が行われてきました。さらに令和５年度改正では相続時精

算課税については暦年課税とは別枠で110万円の基礎控除が導入されています。生前贈与を促すことで世代間での早期の資産移転が期待されています。

2—2　令和5年度改正 （生前贈与加算が7年間に延長）

　令和5年度税制改正では，生前贈与加算について改正前の3年から7年間に延長され，延長された4年分については贈与額のトータルから100万円を控除してから遺産に加算します。少額不追及だと考えられますが，4年間の贈与額を集計する必要があるため生前贈与の把握は必要です。

2—3　令和5年度改正 （相続時精算課税で110万円の基礎控除）

　相続時精算課税については暦年課税の基礎控除と同様に年110万円の基礎控除が別途認められることになりました。控除した110万円相当は贈与者の相続時の遺産に加算する必要はなく，控除をした後の金額を遺産に加算しますので持ち戻す必要はありません。暦年課税の生前贈与加算の場合は持戻しが必要となることを考えると相続時精算課税を積極的に選択すべきという意見があるようですが，相続時精算課税はリスクが多い制度であることを忘れてはいけません。安易に提案することは慎むべきです。

チェックポイント！

■　110万円非課税枠が創設されたからと相続時精算課税を安易に勧めていませんか。
　⇒　長期間をかける贈与だと暦年課税が有利になることも考えられます。一概にどちらが有利とはいえません。
■　生前贈与加算が7年に伸びたことによる把握すべき資料について認識していますか。

> ⇒ 生前贈与加算が7年になると，相続税の税務調査が行われる頃にはほぼ10年前の贈与ということになります。とくに預金に関しては10年前まで出入りの確認が必要です。

2－4　生前贈与による節税対策のリスク

　住宅取得等資金の贈与の非課税など法律が予定する節税については，適用要件の誤りによって優遇措置が受けられないことが最大のリスクとなります。このようなミスについては，税法の知識のみが問われるため税理士は専門家として言い訳ができません。また，あえて税法の不備をつくような節税手法の実行は課税当局による厳しい調査を覚悟する必要があります。このような生前贈与の手法は，節税効果が高い手法ほど，否認リスクが高まることになります。

チェックポイント！

> ■ 生命保険を利用した過度な節税のリスクを考慮していますか。
> ⇒ 節税に利用されることが多い保険スキームに関する通達は，いつ改正されるか予想できません。節税封じの改正は経過措置なく行われることも少なくありません。過去には平成22年度改正において相続税法24条の改正があり，年金受給権に関する権利（定期金に関する権利）の評価が廃止されました。既存契約を含めて評価上有利になる複利現価評価が認められなくなった事例があります。

2－5　贈与税の連帯納付義務

　相続税については各相続人が相互に連帯納付義務を負います。これに対して贈与税では贈与者が連帯納付義務を負います（相法34④）。

16　生前贈与と令和5年度改正　79

> **チェックポイント！**

> ■　贈与者には連帯納付義務があること考慮したうえで生前贈与を実行
> していますか。
> ⇒　土地の親子間での売買が著しく低額だと認定されると，子にみな
> し贈与課税（「20　みなし贈与」参照）が行われますが，子に資力
> がないと，贈与者である親が贈与税の連帯納付義務者になります。

2─6　その他贈与税に特有の処理

　除斥期間の把握や，贈与を受けた財産の譲渡まで見据えた資料保管，
相続税よりも高額になる流通税の負担なども贈与税に固有の注意点です。

> **チェックポイント！**

> ■　申告期限から5年が経過していれば除斥期間の経過により，贈与税
> の申告は不要だと判断していませんか。
> ⇒　贈与の除斥期間は6年（相法37）。
> ■　贈与による資産の取得に伴い支出した費用の明細や資料を保存して
> いますか。
> ⇒　費用が各種所得の必要経費になる場合のほか，業務に使われてい
> ない土地建物を贈与により取得した際に，受贈者が支払った登記費
> 用や不動産取得税の金額は取得費に含まれるため（所基通60-2），
> 書類や明細の保管が必要です。
> 　取得費の対象になるのは，ゴルフ会員権の名義書換手数料，不動
> 産登記費用，不動産取得税，株式の名義書換手数料などです。紛争
> 解決費用や弁護士費用は取得費にはなりません。
> ■　贈与税の負担だけを考慮して生前贈与を実行していませんか。
> ⇒　相続では不動産取得税は非課税ですが，贈与の場合は課税されま
> す。登録免許税は，贈与の場合は，相続よりも高額になります。思
> わぬ流通税が生前贈与のネックになることも少なくありません。

17 財産の名義変更手続

1 あらまし

相続税法では，生前の個人間における財産の無償あるいは低額での移転に対して贈与税を課すこととしています。

ただし，財産の移転行為については，名義の書換がそのまま財産移転の確定的行為になるものと，単なる暫定的な行為に過ぎないものがあり，前者については原則としてその時点で贈与税を課すこととし，後者については贈与税が課されないこととなります。

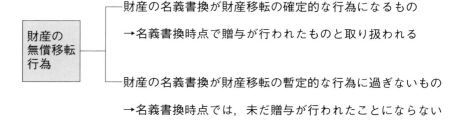

納税者は，名義書換行為での財産移転について，贈与税が課されるか否かについて誤解していることが多々あるため，丁寧なヒアリングや事実確認が必要になります。

2 解説とチェックポイント

2－1 財産の名義変更が原則として贈与とされる財産

登記あるいは登録制度のある財産の場合，名義書換行為を確定的な行為と見て，無償あるいは低額での財産移転が行われたその時点で贈与税

を課すことを原則としています。

【登記・登録のある資産と名義書換】
不動産　登記制度のある資産
自動車　登録制度のある資産

　このうち，不動産の贈与については，特に問題が生じやすいのは周知のとおりです。不動産の登記情報は，法務局から税務署等に通知されることとなっていることから，贈与の事実が容易に課税庁に把握されます。建物の場合，未登記のこともありますが，市町村における固定資産税課税台帳の納税義務者書換によって把握されるので，結局は同様です。

　ただし，名義書換が行われた場合であっても，贈与の意思に基づくものでなく，他のやむを得ない理由に基づいて行われた場合またはこれらの行為が権利者の錯誤に基づいて行われた場合等であれば，贈与がなかったものと取り扱われ（昭和39年5月23日付直審（資）22・直資68），事実上の取消しを認めています。

　不動産登記や自動車登録などの場合に，この贈与の取消しを課税当局が認めるのは，

(1) 財産の名義人となった者がその名義人となっている事実を知らなかった場合で，かつ，その名義人となった者が取得した財産の使用収益をしていない

(2) 財産に係る最初の贈与税の申告あるいは決定・更正の日前に財産の名義を本来の取得者名義に戻す

という条件を満たした場合に限ることとされています。

　この名義変更がどこから発覚するかですが，不動産の場合は，上述のように法務局の登記が契機になります。すなわち，法務局から登記情報は税務署等に通知されることになり，お尋ねなどの照会文書発送が行われる元になるわけです。

ここで，財産の名義と実質的所有権とに乖離があるかどうかは，原資や管理状況を基準として総合的に判断されることになります。

なお，公正証書による贈与を実行したが，課税時期がはるかな昔であり，除斥期間を経過しているために，その後に登記を行えば贈与税は課せないとの誤解がいまだに一部にあるようですが，完全な勘違いです。

- 公正証書による贈与契約は相続税回避のための仮装行為であるとした事例（昭和46年9月27日裁決）
- 不動産贈与の効力は，贈与契約公正証書の作成の時ではなく，被相続人の死亡の時に生じたものと認定した事例（昭和54年2月14日裁決）
- 公正証書を作成して被相続人の生前に贈与を受けたものであるとする不動産について，生前贈与ではなく死因贈与により取得したものと認定した事例（昭和57年10月8日裁決）
- 贈与により取得した財産の取得時期は贈与証書による贈与契約の時ではなく贈与登記の時であると認定した事例（昭和60年3月25日裁決）
- 公正証書による財産の贈与時期は，公正証書が作成された日ではなく，本件不動産に係る所有権の移転登記がされた日であるとした事例（平成9年1月29日裁決）
- 書面による贈与契約であってもその契約の効果が真実生じているか否かを実質的に判断するべきであるとした事例（平成15年3月25日裁決）

これら裁決例を見ると，相続・所有権移転登記時に真意が実現したものとして，公正証書による契約で定めた移転時期を否認しています。このように公正証書贈与による租税回避行為について，公正証書による贈与時期が認められない点は，最高裁平成11年6月24日判決でも確認されており，当然というべきです。

17 財産の名義変更手続　83

> **チェックポイント！**
>
> ■　個人間における無償での不動産の名義移転は，原則として，贈与税
> 課税の対象とされることを認識していますか。
> 　⇒　登記による所有権移転情報は，税務署・都道府県税事務所・市区
> 町村役場などに通知されることになっています。
> ■　住宅取得等資金の贈与の特例やローン控除にばかり目がいって，取
> 得原資の確認が不十分になっていませんか。
> 　⇒　親族貸付金はある時払いの催促なしになりやすいというのは周知
> の事項ですが，借入金そのものが贈与として取り扱われます。また，
> 実務的に問題になりやすいのは，納税者が「自己資金」だと思って
> いる，贈与税の除斥期間の完成したはずの暦年非課税枠内贈与で形
> 成された預金です。

＜不動産取得代金とその原資の分析＞

	銀行借入金	……ローン控除（所得税）
土　地 ・ 建　物	親族借入金	←みなし贈与がないか
	贈与申告分	……贈与税の申告
	自己資金	←過去の「贈与」で， 贈与契約が成立して いないものがないか

▲
税務署では，どこから出てきた資金かを「お尋ね」で確認します。

2－2　財産の名義変更が原則として贈与とされない財産

　不動産のような登記あるいは車両のような登録制度のない預貯金につ
いては，かつては名義変更が非常に容易であったことから，実質的な所
有者と名義が一致していないことが多々ありました。そこで，課税庁は，
預貯金については，単に名義変更のみが行われただけでは，贈与の事実

があったものとは取り扱わないこととしています。

　このことは，裏を返せば，子や孫に年間110万円の暦年非課税贈与限度枠内での贈与を行おうとする行動は大変危険であることを意味します。すなわち，

(1)　多くの場合，親は子に贈与事実を伝えていません。

　　子供のうちから大金を持たせるのはあまりよくないとの考えかもしれませんが，贈与とは相反する話です。何より，これでは，契約当事者間の贈与する，受贈するという意思表示の合致がありませんので，契約の効力が生じないことになります。

(2)　多くの場合，親は子や孫に対して通帳や印鑑を渡していません。

　　親は「渡すと使ってしまうから」と思うからですが，所有権とは使用収益処分を行う権能ですから，自由な処分ができなくては，所有権の移転を主張できません。

　暦年贈与の非課税枠で節税したつもりが，通帳印鑑を手渡した時に真の贈与が行われたものとして課税が行われてしまうという話はよく生じます。

　なお，このように実質的所有者と名義人が異なる状況を放置しておくと，相続時に名義預金や名義株式の問題が生じます。ここでも，資金原資を中心に，現実の管理・支配状況を確認されることで，課税もれ防止の視点からチェックが行われることになります。

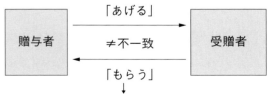

17 財産の名義変更手続　85

> **チェックポイント！**

■　子や孫に対する年間110万円の非課税枠内での暦年贈与による資金移転は非常に危険であることを十分認識していますか。
⇒　意思表示の合致もなければ，預金通帳と印鑑の管理も変わっていないことから，過去の贈与事実そのものを否認されることは多々あります。なお，金融機関の暦年贈与サポート商品を使ってもらうのも一法です。毎年金融機関が当事者に意思確認してくれますので，否認リスクを減じることができます。

■　近年は，名義預金だけでなく，名義株式についても判定が問われることが増えていることを認識していますか。
⇒　資金原資や管理支配状況の確認が行われます。受贈者の年齢によっては，資金力や意思能力が問われることもあります。
　　非上場株式等における株式の異動については，法人税申告書別表二の異動状況についても確認されている点も意識しておく必要があります。
　　また，先代相続における名義書換が終わっていない上場株式等が残っている場合があります。配当通知書があれば株式数はわかりますが，配当がないと確認できません。この点，どの証券会社に存在するかは，「ほふり」に書面照会で回答を得られます。ただし，各株式数の内訳は各証券会社に個別照会することになります。

■　相続財産の名義書換などの手続に際しては，いわゆる3点セットが必要になることを理解していますか。
⇒　①遺言書があれば遺言書，なければ相続人全員による遺産分割協議書
　　②戸籍・戸籍の附票・住民票
　　③実印と印鑑証明書
　　このうち，戸籍・戸籍の附票については，近年，法定相続情報一覧図の写しで代用されることが増えました。不動産の相続登記がある場合，司法書士に戸籍等の取得から法定相続情報証明一覧図の写しの作成・取得を依頼するのが簡便です。

■　配偶者相続人の財産形成額について検討していますか。
⇒　過去の収入状況から配偶者名義預金額が説明可能か検討すべきです。

18 贈与税の非課税財産

1　あらまし

相続税と同様に贈与税においても，社会政策面や国民感情への配慮，公益性の観点から非課税財産が規定されています。

2　解説とチェックポイント

2−1　非課税財産の範囲

贈与税の非課税財産は，法人からの贈与，扶養義務者間の生活費や教育費，公益事業者が事業用に取得した財産など，相続税法21条の3で定めるもののほか，特別障害者扶養信託契約に基づく信託受益権（相法21の4）や社会通念上相当額の香典や贈答品が基本通達で認められています（相基通21の3−9）。

また，直系尊属からの住宅取得等資金や教育資金一括贈与など租税特別措置法による非課税措置があります（措法70の2・70の2の2）。

チェックポイント！

■　個人が，法人から受けた利益について贈与税の申告を行っていませんか。
　⇒　法人からの贈与には所得税が課税され（所基通34−1(5)・23〜35共6など），贈与税は非課税です（相法21の3①一）。

2−2　扶養義務者間の生活費や教育費の贈与

扶養義務者間において生活費や教育費に充てるための贈与のうち通常必要と認められるものについては，贈与税が非課税となります。

18 贈与税の非課税財産　87

この場合の「扶養義務者」とは，配偶者，直系血族および兄弟姉妹，三親等内の生計一親族をいいます（相法1の2一，民法877）。

チェックポイント！

■　生活費や教育費としての贈与資金が不動産や株式などの購入に充てられていませんか。
　⇒　贈与資金の使途については相続税の税務調査の際に問題になりやすいため，資産を購入した際の資金の調達源泉の説明が重要です。また，不動産については登記で明らかになるため，常に問題になりやすいといえます。
■　孫の医学部の入学費など高額な教育費は非課税にならないと判断していませんか。
　⇒　被扶養者（子や孫）の教育上，通常必要と認められる学資，教材費，文具費等であればよく，義務教育費に限られません。仮に高額な医学部の入学金であっても非課税対象です。

2—3　有料老人ホームの入居一時金

高齢化時代を反映し，配偶者が負担した老人ホーム入居一時金が通常の生活費を超える贈与と認定される事例が公表されています。

老人ホームの入居一時金は，前払家賃や，施設の利用権としての性質がありますが，金額は300万円の場合もあれば，3億円の場合もあるなど，非常に幅があるため，配偶者のために負担した入居一時金が，通常の生活費を超える贈与に該当するか否かの判定は容易ではありません。

入居時の介護の必要性，介護生活を行うために必要な老人ホームであること，などがポイントとなります（平成22年11月19日裁決）。

チェックポイント！

■　介護の必要がない段階で，入居負担金が1億円を超えるような有料老人ホームへの入居一時金を入居者以外の親族が負担していませんか。
　⇒　入居一時金が1億3,370万円と高額で，フィットネスルーム付きの豪華な老人ホームで，介護付きでないものについて，配偶者が負

担した入居一時金は，通常必要な生活費とは認められないとして，贈与税の非課税財産に該当しないとされた事例があります（平成23年6月10日裁決）。

2－4　海外への送金

留学や勤務によって外国に住む親族に送金している場合は，特に注意が必要です。

生活費や教育費名目で送金された現金が，現地での資産の購入費に充てられている場合，扶養義務者間の生活費や教育費の贈与とは認められません。

国外送金については，100万円超の送金を行うと金融機関から「国外送金等調書」が法定調書として提出されます（送金法4①，送金規8）。海外財産の贈与税の無申告案件は，いわゆる「お尋ね」の送付や，相続税の税務調査時において，海外資産関連事案として積極的な調査対象になっています。

チェックポイント！

■　留学等で海外に居住する家族に送金した金銭のうち相続財産とすべき残金がないかを検討しましたか。
　⇒　送金した現金で有価証券や不動産を購入するなど，生活費を超える送金がある場合には，贈与と認定されたり，名義預金として相続税の対象となるリスクがあります。

2－5　外国に住所を有する者が贈与を受けた場合の納税義務

国外に住所を有する者が贈与を受けた場合の納税義務は図表18－1のようになります。

チェックポイント！

■　外国籍の子に国外の財産を贈与した場合，子に贈与税の納税義務はないと判断していませんか。
　⇒　平成25年4月以降は，国外の財産も課税財産の範囲に含まれ，贈

18 贈与税の非課税財産　89

与税の納税義務が生じます。

■　子が国外に住所を移して10年を経過すれば，国外の財産を贈与しても子に贈与税の納税義務はないと判断していませんか。

⇒　贈与者が国内に住所がある場合はもちろん，10年以内に国内に住所を有する場合には，国外の財産を贈与しても納税義務があります。

図表18—1　受贈者の住所が海外にある場合の課税財産の範囲

贈与者＼受贈者		国内に住所あり	国内に住所なし		
		一時居住者（注1）	日本国籍あり		日本国籍なし
			10年以内に国内に住所あり	10年以内に国内に住所なし	
国内に住所あり		※2		※2	※2
	外国人（注2）				
国内に住所なし	10年以内に国内に住所あり	※2		※2	※1 ※2
	外国人（注3）				
	10年以内に国内に住所なし				

　上記の表中，網掛け部分の区分に該当する受贈者が贈与により取得した財産については，国内財産および国外財産にかかわらずすべて課税対象になります（ただし，上記の表の※1の区分に該当する受贈者が一定の場合に該当する場合（注4）は，国内財産のみが課税対象となります）。

　網掛け部分の区分以外に該当する受贈者が贈与により取得した財産については，国内財産のみが課税対象になります。

（注1）「一時居住者」とは，贈与の時において在留資格（出入国管理及び難民認定法別表第1の上欄の在留資格をいいます。以下同じです）を有する人で，その贈与前15年以内に日本国内に住所を有していた期間の合計が10年以下である人をいいます。

（注2）贈与の時において在留資格を有する人で，日本国内に住所を有していた人をいいます。

（注3）贈与の時において日本国内に住所を有していなかった贈与者であって，その贈与前10年以内のいずれかの時において日本国内に住所を有していたことがある人のうちいずれの時においても日本国籍を有していなかった人をいいます。

（注4）上記の表の※1の区分に該当する受贈者が平成29年4月1日から令和4年3月31日までの間に非居住外国人（平成29年4月1日から贈与の時まで引き続き日本国内に住所を有しない人であって，日本国籍を有しない人をいいます）から贈与により財産を取得した場合は，国内財産のみが課税対象になります。

（注5）上記の表の※2の区分については，贈与者が「国外転出時課税の納税猶予の特例」の適用を受けていた場合は，その贈与者が贈与前10年を超えて日本国内に住所を有したことがなかったとしても，これに含まれる場合があります。

19 贈与税と税務調査

1 あらまし

　贈与税の調査の対象は，無申告案件と海外資産が中心となっています。

　相続税に比べ，贈与税の実地調査は少ないですが，平成24年度改正で相続税の基礎控除額が従来の6割に縮小されたことや，令和5年度改正によって相続時精算課税の110万円非課税枠が導入され，生前贈与加算の加算期間が延長されたことなどから，一般家庭を含め，生前贈与が増加する傾向にあります。

　実務では，相続税の税務調査時に過去の贈与が明らかになり，贈与税の期限後申告等を行うケースが多いと思われますが，贈与税の実施調査件数については，コロナ禍で一時的に減少したものの現在は増加傾向にあります。

図表19—1　贈与税に係る調査事績

項目		事務年度等	令和3事務年度	令和4事務年度	対前事務年度比
①	実地調査件数		2,383件	2,907件	122.0%
②	申告漏れ等の非違件数		2,225件	2,732件	122.8%
③	申告漏れ課税価格		175億円	206億円	117.6%
④	追徴税額		68億円	79億円	115.1%
⑤	実地調査1件当たり	申告漏れ課税価格（③/①）	734万円	708万円	96.4%
⑥		追徴税額（④/①）	287万円	270万円	94.3%

出所：国税庁　令和4事務年度における相続税の調査等の状況

2 解説とチェックポイント

2—1 贈与税の履行時期

　民法では，財産を無償で与える意思を表示し，受贈者が受諾することで贈与の効力が生じます（民法549）。贈与税の納税義務は財産を取得した時に生じます（通則法15②五）。

　贈与による取得の時期は，口頭による贈与の場合は，履行があった時であり，書面による贈与の場合は，贈与契約の効力が発生した時です。また，停止条件付贈与の場合は，その条件が成就した時です。

　実務では，贈与の履行の時期が問題になるケースが多いといえます。たとえば，不動産を公正証書により贈与したとしても，それだけで贈与したことにはなりません。不動産の場合は登記時に贈与があったものとするのが一般です。仮に，父が不動産の贈与契約公正証書を作成して子に贈与したが，所有権移転登記せず，そのまま父に相続が発生したような場合，死因贈与契約と認定され，相続税の対象となると認識すべきです（「[17]　財産の名義変更手続」参照）。

> **チェックポイント！**

> ■　過去に公正証書により贈与したものとした不動産について，数年経過後に登記した場合，除斥期間が経過しているものとして贈与税の申告は不要と判断していませんか。
> ⇒　通常は，贈与税の除斥期間が経過するまで意図的に所有権の移転登記がされていないとの理由から，所有権移転登記が行われた日の贈与と認定されます。

2—2 名義預金等の問題

　相続税で最も重点的な調査対象となるのが家族名義の預金の問題です。

典型的には孫のための積立預金を，実際には祖母が孫に知らせず，通帳と印鑑を管理しているような場合の名義預金であり，この場合は，祖母の相続時に，祖母の財産として相続税の対象とする必要があります。

また，意思能力に難のある親の預金を子が勝手に引き出したことによって生じた不当利得返還請求権が，相続財産に含まれると認定された事例があります（東京地裁令和5年2月16日）。

預金や株式などは，生前に家族名義にしたとしても，相続税の調査時に過去の贈与と認められず，被相続人の財産であると指摘される事例が多いため，生前贈与を行う際は十分注意する必要があります。

チェックポイント！

- ■ 贈与税の申告をしていれば，後に相続税の調査時に名義財産と指摘されるリスクはなくなると考えていませんか。
  - ⇒ 贈与税の申告は，贈与の事実とは必ずしも関係ありません。特に，贈与者が申告書を作成し，納税まで行っているようなケースは，贈与はなかったものと認定されるリスクが高くなります。
- ■ 妻名義の定期預金につき，印鑑と通帳を妻が管理していることをもって過去に贈与済みと判断していませんか。
  - ⇒ 妻に婚姻前後の期間を通じて所得がないような場合，妻が管理しているという事実だけで過去の贈与が認められることはありません。
- ■ 相続直前に引き出されている預金の内容を確認しましたか。
  - ⇒ 仮に，生前に被相続人の預金から多額の引出しが行われているような場合は，遡って現金の贈与であるとの指摘や，貸付金として相続財産の対象と認定されるリスクがあります。

2—3　みなし贈与と課税処理のミスによる贈与税の認定

贈与税の対象になるのは民法上の贈与に限りません。個人間の利益移転という経済的事実に課税するのが贈与税の特徴です。

生命保険契約については，保険料の負担者以外の者が，満期返戻金な

どを受け取った場合は贈与による取得とみなされます。また，著しく低額で財産を取得したり，個人から債務免除を受けたりした場合，あるいは，適正対価を負担せずに利益を受けた場合なども贈与があったものとみなされます。

　ムリな事業承継対策には，常に贈与税の認定リスクがあることを意識する必要があります。たとえば，事業承継を目的に，経営者が後継者に同族株式を売却したところ，譲渡代金が低額であると認定され，取得した息子に多額の贈与税が課税されてしまうことがあります（相法7）。

チェックポイント！

- ■ 不動産を購入する際，資金の拠出者と持分割合は一致していますか。
  - ⇒ 夫が資金全額を出資しているにもかかわらず，夫婦の共有名義となっている場合は，夫から妻へ取得資金の贈与があったことになります。
- ■ 親族間で不動産を売買する場合，適正時価で実施していますか。
  - ⇒ 対価を伴う不動産の売買や負担付贈与は，路線価評価ではなく，通常の時価で低額譲渡の判定を行います（平成元年3月29日付直評5・直資2-204，平成3年12月18日付課評2-5・課資2-49改正）。
- ■ 課税関係を検討することなく遺産分割協議のやり直しを行っていませんか。
  - ⇒ 民法では，遺産分割のやり直しが認められますが，税法では課税関係の選択を許すことになることから，特別な事情がない限り，遺産分割のやり直しは，いったん分割した財産を贈与したものと扱われることになります。
- ■ 民事上の和解のため，親族間で財産の所有権を移転したような場合，贈与税課税の可能性を検討しましたか。
  - ⇒ 調停調書に基づき解決金の支払いによって土地を取得したところ，解決金の金額がその土地の時価より著しく低いとして，低額譲受にあたるとした事例（平成12年6月29日裁決）があります。

20 みなし贈与

1 あらまし

　たとえば，法人税や所得税は，法人や個人が保有する株式の価値が増加しただけでは所得を計上することはありません。未実現の所得は課税対象にならないからです。

　これに対し，贈与税では，対価を支払わないところで財産価値の増加や債務の減少があれば，法的には贈与契約によらない場合であっても，課税の公平の観点から，利益を受けた者への贈与があったものとみなされます（相基通9－1）。

　実質的に贈与と同様の経済的利益の享受があった場合は，みなし贈与として贈与税の課税対象になります。

図表20—1　贈与税の課税財産

贈与税の課税財産	具体的な財産の種類
本来の財産	土地，立木，預貯金などの物権，売掛金などの債権，著作権や商標権などの無体財産権，信託受益権などの法律上の権利，営業権のような法律上の根拠のない経済的価値など金銭で見積もることが可能なすべての経済的価値のあるもの
みなし贈与財産	生命保険金等（相法5），定期金に関する権利（相法6），債務免除等による利益（相法8），その他の利益の享受（相法9），信託財産（相法9の2），持分のない法人等から受ける特別の利益（相法65）

2 解説とチェックポイント

2-1 生命保険金

　生命保険契約や損害保険契約の満期保険金や解約返戻金の受取人が保険料を負担していない場合は，保険金を保険料負担者から贈与により取得したものとみなされます（相法5）。保険金を受け取ることは，保険金相当額の贈与を受けたのと何ら変わりがないからです。

　なお，被相続人の死亡によって，保険金を受け取った場合は，みなし相続財産となるため，贈与税の対象にはなりません。

```
チェックポイント！
```

- ■　保険証券，所得税の申告，普通預金通帳などで，保険内容を把握していますか。
  - ⇒　内縁の妻など，親族以外の者が受取人になっている場合は把握が困難な場合が多いため，特に注意が必要です。
- ■　保険料支払能力がない子供を契約者かつ保険金受取人としているような場合は，保険料の負担者を明確にしていますか。
  - ⇒　未成年の子供を契約者として，その親が保険料相当額の現金を贈与する事例を見受けます。保険料は子供自身が負担したものとして満期保険は一時所得課税となり，保険金に贈与税が課税される場合に比べ，税負担が軽減します（昭和58年国税庁事務連絡）。
    このような保険契約を締結する場合は，保険料の支払原資として，親からの現金贈与があったことを毎年の贈与契約書や贈与税の申告，所得税の確定申告における生命保険料控除などで明らかにしておく必要があります。現金贈与がなかったと認定されると，満期保険金の受取り時に贈与税が課税されるリスクが生じます。

2-2 財産の低額譲受による利益

　著しく低額で財産を譲り受けた場合には，時価と対価との差額は，譲渡者からの贈与とみなされます（相法7）。時価は相続税評価額となる

96

のが原則ですが，土地家屋や上場株式については，負担付贈与通達により，通常の取引価額となります（平成元年3月29日付直評5・直資2-204，相基通169(2)）。

しかし，財産を低額で譲り受けた者が資力喪失により債務を弁済できない場合に弁済に充てる目的で扶養義務者から譲り受けたときは，贈与税は課税されません（相法7但書き）。

> チェックポイント！

■　親族間で土地を売買する場合は，通常の取引価額で実行していますか。
⇒　たとえば，子が，親から時価3,000万円の土地を1,000万円で購入した場合には，時価と対価の差額の2,000万円を子が贈与で取得したものとみなされます（「21　贈与税の課税価格と税額の計算」参照）。
■　親が，資力を喪失した子供に債務弁済のために土地を贈与した場合に，贈与税課税はないと判断していませんか。
⇒　無償で贈与を受けた場合は，低額での譲受けには該当しないため，贈与税が課税されます。

2―3　債務免除による利益

債務の免除を受けたり，第三者に弁済してもらったことにより利益を受けた場合は，免除等の時に債権者や弁済した者から贈与を受けたものとみなされます（相法8）。

しかし，資力を喪失した者が債務免除を受けたり，債務を弁済してもらった場合には，贈与税は課税されません（相法8但書）。

> チェックポイント！

■　親が，資力を喪失した子供に債務弁済のための金銭贈与を行ってい

ませんか。

⇒　第三者のために債務の弁済を行った場合に該当しないため，贈与税が課税されます。子供に金銭贈与するのではなく，親が引受けまたは弁済する必要があります。

2—4　上記以外の利益の享受

上記2—2から2—3に該当しない場合でも，無償あるいは低額で個人から利益を受けた者は，利益を享受させた者から贈与により取得したとみなされ，利益相当額は贈与税の課税対象になります（相法9）。

チェックポイント！

■　同族会社に対し無償で財産の提供があった場合，時価より著しく低い価額で現物出資があった場合，対価を受けないで同族会社の債務の免除，引受け又は弁済があった場合，同族会社に対し時価より著しく低い価額の対価で財産の譲渡をした場合については，みなし贈与が生じる可能性があることを認識していますか。

⇒　相続税法基本通達9－2（株式又は出資の価額が増加した場合）に例示されています。これら以外に対価の授受なく不動産や株式の名義変更が行われた場合（9－9），無利子の金銭貸与等（9–10）なども注意が必要です。

■　同族会社に無償で財産を提供するときは，繰越欠損金が充分にあるからと，法人税だけを考慮して実行していませんか。

⇒　たとえば，同族会社への貸付金を免除すると同族会社の株式価値が上昇します。贈与者以外の株主の株式価値上昇分がみなし贈与とされます。ただし，貸付金の放棄が相続税の租税回避と認定された場合のような租税回避事案に限って贈与税が課税されるものと考えられます。

■　夫婦で住宅を購入した場合に，それぞれの収入に応じた負担額を考慮せず，夫だけの不動産として登記していませんか。

⇒　不動産は登記の状況から生前贈与が明らかになることが多いため，贈与税の課税が生じないように資金の負担割合と持分割合を一致させる必要があります。

21 贈与税の課税価格と税額の計算

1 あらまし

　贈与税は，その年の1月1日から12月31日までの暦年の間に贈与を受けた財産の価額の合計額に基づき算定します。財産の評価は，相続税と同じく，財産評価基本通達によって評価しますが，地上権や定期金に関する評価など一部の評価は相続税法によって定められています（相法23～26）。いつの時点で評価するかが問題となりますが，贈与の場合は，書面によるものは契約の効力発生日，書面がないものは履行日となります（「17　財産の名義変更手続」参照）。

2 解説とチェックポイント

2―1 贈与税の計算方法

　暦年課税における贈与税の計算は，1年間に贈与を受けた財産の価額を合計し，その合計額から基礎控除額110万円を控除します。その金額に税率を乗じて税額を計算します（相法21の2・21の5・21の7，措法70の2の3）。

> **チェックポイント！**
>
> ■　親や祖父母から子（孫）に贈与する場合の税率の改正を把握していますか。
> ⇒　平成27年1月1日以後に直系尊属からの贈与により取得した財産については，通常の贈与税率に比べ，税率の累進構造が緩和されています（措法70の2の4，図表21―1）。

図表21—1 贈与税の課税の仕組み

税率	課税財産額（基礎控除後の課税価格）		
	～H26.12.31	H27.1.1～	
		直系卑属	一般
10%	～200万円	～200万円	～200万円
15%	～300万円	～400万円	～300万円
20%	～400万円	～600万円	～400万円
30%	～600万円	～1,000万円	～600万円
40%	～1,000万円	～1,500万円	～1,000万円
45%	—	～3,000万円	～1,500万円
50%	1,000万円～	～4,500万円	～3,000万円
55%	—	4,500万円～	3,000万円～

※ 扶養義務者相互間の生活費又は教育費に充てるための受贈財産 等

出所：財務省HPより

2—2 負担付贈与通達

　贈与は，偶発的な相続とは異なり，移転する財産や時期を自由に決定できるため，時価と相続税評価額の開差を利用した節税を図ることが可能です。財産評価通達による低めの評価を認めることが適切とはいえない場合があります。

　たとえば，土地と家屋については，負担付贈与または対価を伴う取引には，路線価評価等は利用できず，通常の取引価格で評価します（平成元年3月29日付直評5「負担付贈与又は対価を伴う取引により取得した土地等及び家屋等に係る評価並びに相続税法第7条及び第9条の規定の適用について」，以下「負担付贈与通達」といいます）。また，上場株式についても同様の趣旨から，過去3月分の平均株価による評価は認められず，最終取引価格によることになります（評基通169(2)）。

> ### チェックポイント！

■ 親族間で不動産を売買する場合，路線価を基準に譲渡代金を決定していませんか。

⇒ たとえば，親が時価8,000万円で購入した賃貸不動産を，子に財産評価基本通達に基づいて5,000万円で売却すれば，譲渡損3,000万円を計上できるため，他の不動産の譲渡益があれば内部通算も可能となります。このような節税を防止するのが負担付贈与通達です。この事例では，子は時価と相続税評価額との差額である3,000万円の贈与を受けたものとみなし，贈与税が課税されます（相法7）。

なお，路線価での売買について，著しい低額譲受けにはあたらないとした判例（東京地裁平成19年8月23日判決）がありますが，負担付贈与通達はその後も廃止されておらず，実務上は路線価での売買にはリスクがあると考えるべきです。

■ 賃貸不動産を贈与する場合，負担付贈与通達が問題になることを検討しましたか。

⇒ 賃貸不動産を贈与すると，敷金は当然に引き継ぐこととされているため，負担付贈与通達に抵触してしまいます。この場合は，賃貸不動産の通常の取引価格から敷金相当額を控除した金額が贈与税の対象になります（相基通21の2-4）。この適用を避けるためには，敷金相当の現金も同時に贈与する必要があります。

3 記載例

＜父から300万円の財産の贈与を受けた場合＞

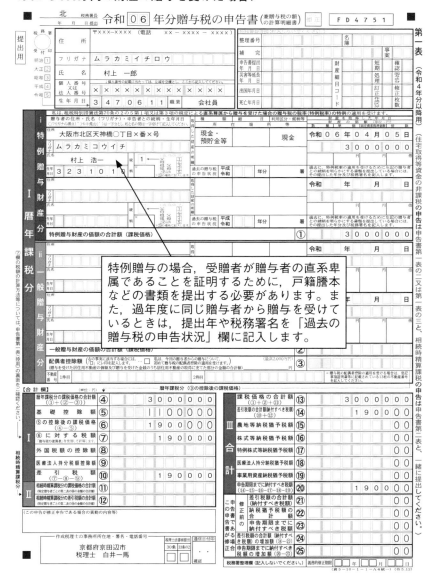

22 相続時精算課税の基本

1 あらまし

相続時精算課税とは，納税者の選択により，贈与時に贈与財産に係る贈与税を納付し，その贈与者に相続があった時に，その贈与財産の贈与時の評価額を相続税の課税価格に取り込み，相続財産の価額と合計した金額を基に計算した相続税額から，すでに納めたその贈与税相当額を控除することにより贈与税，相続税を通じた納税を行う制度です。

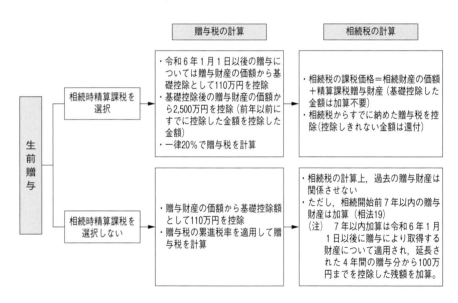

2 解説とチェックポイント

2−1 相続時精算課税の計算方法

相続時精算課税を選択した受贈者は，贈与者から贈与を受けた財産に

ついて，基礎控除として110万円を控除します（相法21の11の2①，措法70の3の2①）。なお，同じ年に2人以上から精算課税贈与を受けた場合は，110万円を贈与者ごとの評価額で按分します（相法21の11の2②，相令5の2，措法70の3の2③，措令40の5の2）。つまり，受贈者1人につき基礎控除は最大110万円となります。そして贈与者ごとの贈与税の課税価格から2,500万円の特別控除を行います（相法21の9）。贈与は何度でも行うことができますが，過去に贈与を受けている場合には，2,500万円から過去の特別控除額を差し引いた残額です。2,500万円を超える部分については一律20％の税率で贈与税が課税されます。

　贈与者が亡くなった場合には，過去の精算課税贈与の贈与財産の贈与時の評価額（基礎控除後を控除した後の残額）と，贈与者の遺産の価額を合算して，相続税を課税し，過去に精算課税贈与により納付した贈与税額については相続税額から控除して精算します。控除しきれない金額は還付されます。

チェックポイント！

■　孫への精算課税贈与については，2割加算があることを納税者に説明しましたか。
　⇒　精算課税贈与を受けた財産についても，贈与者の相続時には，2割加算の適用があることになります。
■　2,500万円特別控除と110万円基礎控除の関係を理解していますか。
　⇒　たとえば父と母から精算課税贈与を受ける場合，それぞれの取得財産から2,500万円ずつ控除しますが，基礎控除は受贈者1人につき110万円です（受贈財産で按分）。
■　110万円以下の精算課税贈与があったときに申告が必要と考えていませんか。
　⇒　令和6年分以後の贈与については，基礎控除額以下のときは申告不要です。贈与者の相続時の財産への加算も必要ありません。

2―2　対象者

　相続時精算課税は，60歳以上の父母や祖父母から，18歳以上の子供や孫に対して財産を贈与した場合に選択することができます。

> **チェックポイント！**
>
> ■　贈与者および受贈者の年齢の判定を正しく行っていますか。
> 　⇒　年齢の判定は，贈与時点の年齢ではなく，贈与した年の1月1日現在の年齢で行います。

2―3　手続要件

　相続時精算課税を選択しようとする者は，贈与を受けた年の翌年3月15日（贈与税の申告期限）までに納税地の所轄税務署長に対して「相続時精算課税選択届出書」を受贈者の戸籍の謄本などの一定の書類とともに贈与税の申告書に添付して提出しなければなりません（相法21の9②）。贈与者である父，母ごとに選択できますが，いったん選択すると撤回できず（相法21の9⑥），暦年課税に戻ることはできません。

　なお，110万円以下の贈与であれば申告は不要であるため，結果として相続時精算課税選択届出書のみを提出することになります。

> **チェックポイント！**
>
> ■　添付書類の提出を失念していませんか。
> 　⇒　期限内申告書，相続時精算課税選択届出書および添付書類の提出がない場合には，相続時精算課税の適用を受けることができず，暦年課税が適用されます。宥恕規定はありません。
> ■　精算課税贈与を受けた財産について期限後申告となったにもかかわらず，2,500万円を控除していませんか。
> 　⇒　2,500万円の控除は，期限内申告書の提出がない限り，適用できません。宥恕規定は設けられていないので注意が必要です。

22 相続時精算課税の基本　105

3　記載例

（令和2年分以降用）

相 続 時 精 算 課 税 選 択 届 出 書

税務署受付印

令和 7 年 3 月 3 日

＿＿北＿＿税務署長

受贈者	住 所又は居 所	〒×××－××××電話（　××－××××－×××× ）大阪市北区西天満○丁目×番×号
	フリガナ	ムラカミ　イチロウ
	氏 名（生年月日）	村上　一郎（大・昭・平　47　年　6　月　11　日）
	特定贈与者との続柄	長男

○「相続時精算課税選択届出書」は、必要な添付書類とともに**申告書第一表及び第二表**と一緒に提出してください。

　私は、下記の特定贈与者から令和 6 年中に贈与を受けた財産については、相続税法第21条の9第1項の規定の適用を受けることとしましたので、下記の書類を添えて届け出ます。

記

1　特定贈与者に関する事項

住　　所又は居所	大阪府八尾市○丁目×番×号
フリガナ	ムラ カミ　ヒロシ
氏　　名	村 上　博
生年月日	明・大・昭・平　21　年　10　月　25　日

2　年の途中で特定贈与者の推定相続人又は孫となった場合

推定相続人又は孫となった理由	
推定相続人又は孫となった年月日	令和　　年　　月　　日

（注）　孫が年の途中で特定贈与者の推定相続人となった場合で、推定相続人となった時前の特定贈与者からの贈与について相続時精算課税の適用を受けるときには、記入は要しません。

贈与者ごとに選択します。

3　添付書類

　次の書類が必要となります。
　なお、贈与を受けた日以後に作成されたものを提出してください。
　（書類の添付がなされているか確認の上、□に✔印を記入してください。）

　☑　**受贈者や特定贈与者の戸籍の謄本又は抄本**その他の書類で、次の内容を証する書類
　　（1）　受贈者の氏名、生年月日
　　（2）　受贈者が特定贈与者の直系卑属である推定相続人又は孫であること

　（※）1　租税特別措置法第70条の6の8（（個人の事業用資産についての贈与税の納税猶予及び免除））の適用を受ける
　　　　　特例事業受贈者が同法第70条の2の7（（相続時精算課税適用の特例））の適用を受ける場合には、「(1)の内容
　　　　　を証する書類」及び「その特例事業受贈者が特定贈与者からの贈与により租税特別措置法第70条の6の8第1
　　　　　項に規定する特例受贈事業用資産の取得をしたことを証する書類」となります。
　　　　2　租税特別措置法第70条の7の5（（非上場株式等についての贈与税の納税猶予及び免除の特例））の適用を受け
　　　　　る特例経営承継受贈者が同法第70条の2の8（（相続時精算課税適用の特例））の適用を受ける場合には、「(1)
　　　　　の内容を証する書類」及び「その特例経営承継受贈者が特定贈与者からの贈与により租税特別措置法第70条の
　　　　　7の5第1項に規定する特例対象受贈非上場株式等の取得をしたことを証する書類」となります。

（注）　この届出書の提出により、特定贈与者からの贈与については、特定贈与者に相続が開始するまで相続時精算課税の適用が継続されるとともに、その贈与を受ける財産の価額は、相続税の課税価格に加算されます（**この届出書による相続時精算課税の選択は撤回することができません。**）。

作成税理士		電話番号	

※	税務署整理欄	届 出 番 号	－	名　簿		確認	

※欄には記入しないでください。

（資5－42－A4統一）（令5.12）

<table>
<tr><td>23</td><td># 知っておきたい
相続時精算課税の事例</td></tr>
</table>

1　あらまし

　相続時精算課税には，価格固定効果があるため，贈与を受けた財産が相続時までに値上がりしている場合，大きな節税になりますが，値下がりしている場合や，財産そのものが滅失している場合には大きな税負担となります。

　また，受贈者が不幸にも贈与者よりも先に亡くなると，二度の相続税の負担が生じます。

　注意点として，贈与時の申告もれや評価誤り等があっても，相続時の精算課税には贈与財産が正しい評価額で相続財産に取り込まれます。

　さらに，相続時精算課税を受けた者は，特定納税義務者と呼ばれ，贈与者の相続時には，必ず相続税の申告が必要になります。

2　解説とチェックポイント

2—1　受贈者が先に死亡した場合

　相続時精算課税を選択した受贈者が贈与者よりも先に死亡した場合，受贈者の相続人が相続時精算課税に伴う納税に関する権利義務を承継します（相法21の17）。この場合の権利義務は，法定相続分により承継します。ただし，受贈者の相続人が贈与者のみである場合は，納税に関する権利義務は承継されず消滅します。

　なお，子の死亡に伴う相続税の申告において，相続時精算課税に伴う納税義務は，子の死亡時点で確実な債務といえないことから債務控除の対象にはなりません。

23 知っておきたい相続時精算課税の事例   107

> **チェックポイント！**
>
> ■ 相続時精算課税を選択する際に，受贈者が先に死亡したときの課税関係まで想定していますか。
>   ⇒ 受贈者が先に死亡すると，二度の相続税課税が生じるという大変大きなデメリットがあります。
>   受贈者の相続人は，相続に伴い贈与財産を実際の遺産として相続し，さらに贈与者の相続に伴い，相続時精算課税に伴う納税に関する権利義務を承継していることから二度目の相続税が生じることになります（図表23－1）。

【図表23－1　相続時精算課税の事例】

平成30年に財産2億円を父から子に贈与し，相続時精算課税を選択した。その後，子は令和4年に死亡し，財産は妻と孫が法定相続分により相続した。父は，令和5年に死亡した。

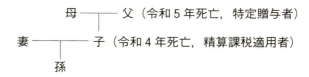

① 平成30年分の贈与
　3,500万円（＝（2億円－2,500万円）×20％）の贈与税を納税
② 令和4年の子の死亡時
　2億円から贈与税を納税した後の1億6,500万円が妻と孫に相続され，相続税を申告。この時に，子の相続時精算課税に伴う納税義務を妻と孫が法定相続分で承継する。
③ 令和5年の父の死亡時（子の納税義務を承継）
　妻と孫は，2億円を父から遺贈によって取得したものとして，令和4年に続いて，二度目の相続税を負担することになる。仮に，精算課税贈与を行っていなければ，父の相続時は，孫が代襲相続人として一度の相続税負担しか生じなかったことになる。

2―2　申告もれや評価誤りがあった場合

　暦年贈与については，申告もれがあっても，申告期限6年が経過すると除斥期間が成立しますが（通則法23，相法32②），相続時精算課税を選択した場合，事実上は，除斥期間の適用がないと理解する必要があります。

　たとえば，すでに相続時精算課税を選択していた者が，2,000万円の贈与を受け，これについて贈与税の申告をせず，その後6年が経過すれば，贈与税の課税については除斥期間が成立します。しかし，この場合においても，相続時に精算課税贈与を受けた財産として2,000万円が相続税の課税価額に取り込まれることになります（相基通21の15-1）。また，評価に誤りがあり，修正申告書を提出していない場合についても同様の取扱いになります（国税庁　質疑応答事例「相続時精算課税適用財産について評価誤り等が判明した場合の相続税の課税価格に加算される財産の価額」）。

　なお，贈与税を修正申告するときは特別控除は原則として適用できませんが，期限内申告書の提出があった場合において，税務署長がやむを得ない事情があると認めるときは，特別控除の適用が認められます（相法21の12③）。

> ### チェックポイント！
>
> ■　期限後申告をする場合に特別控除を適用していませんか。
> ⇒　たとえば，父から株式の贈与を受け相続時精算課税選択届出書を提出したが評価額は基礎控除以下と判断し，贈与税の申告をしなかったとします。その後，評価の誤りが発覚し，基礎控除を上回ることが判明したため期限後申告をする場合，期限内申告書の提出がないため2,500万円特別控除の適用はありません。また修正申告の場合と異なり宥恕規定もありません（「相続税及び贈与税等に関する質疑応答事例（令和5年度税制改正関係）について（情報）問2

23　知っておきたい相続時精算課税の事例　　109

　　－1」参照）。
■　申告もれによる修正申告の場合の特別控除を正しく適用しています
　か。
　⇒　たとえば，父から精算課税贈与を受けた財産について期限内申告
　　した後，同じ年に母から精算課税贈与を受けた財産について申告も
　　れが発覚し修正申告するとします。この場合，基礎控除の再配分が
　　必要になり，父からの贈与分について課税価格が増額しますが，や
　　むを得ない事情があるものとして特別控除の増額が認められます。
　　　母からの贈与分は期限内申告に記載がないため特別控除の適用は
　　ありません（「相続税及び贈与税等に関する質疑応答事例（令和5
　　年度税制改正関係）について（情報）問2－2」参照）。

2—3　受贈者が財産を取得しなかった場合

　相続時精算課税を選択した受贈者は，特定納税義務者と呼ばれ，贈与
者の相続において，実際の財産を取得しなかった場合でも，必ず相続税
の納税義務者になります。

チェックポイント！

■　受贈者が，精算課税贈与を受けた後，海外に移住し，外国籍を取得
　した場合は相続税の納税義務があることを説明しましたか。
　⇒　仮に国籍を外国に移し，かつ，外国の財産しか相続しなかったよ
　　うな場合でも，特定納税義務者（相法1の3四）として，相続税の
　　申告義務が生じます。

24 限定承認があった場合

1 あらまし

　限定承認とは，被相続人の債務および遺贈の弁済義務を，相続によって得た積極財産を限度とする相続人の意思表示です（民法922）。

　一般的には，財産より債務が多い場合や，保証債務の負担が見えない場合などに，相続人が選択します。

　相続の放棄は，一切の相続財産を取得することができませんが，限定承認であれば，責任の範囲を，相続により取得する財産の価額に限定できますので，自宅や自社株など一部の資産を相続したい場合に有効な手法です。

　また相続人は，家庭裁判所が選任した鑑定人の評価額を支払えば，相続財産を買い戻すことができます。これを，先買権といいます。

　相続人が全員相続放棄した場合，相続財産は裁判所が選任した相続財産管理人が相続財産を競売等に付し，換価するのが原則です。競売によるので，重要な相続財産を取得できる保証はありませんが，限定承認であれば，相続財産を限度に負債を弁償すれば，相続財産を取得することができます。

2 解説とチェックポイント

2—1 限定承認の手続

　限定承認の意思表示をするには，原則として相続開始日から3ヵ月の熟慮期間内に相続人全員で，家庭裁判所に申述する必要があります（民法924）。熟慮期間の伸長（民法915①但書）は，申請により3ヵ月ごとに

24 限定承認があった場合　111

受付印		家 事 審 判 申 立 書　事件名（　相続の限定承認　）
		（この欄に申立手数料として1件について800円分の収入印紙を貼ってください。） 印 紙 （貼った印紙に押印しないでください。） （注意）登記手数料としての収入印紙を納付する場合は，登記手数料としての収入印紙は貼らずにそのまま提出してください。

収 入 印 紙	円
予約郵便切手	円
予納収入印紙	円

準口頭	関連事件番号　平成・令和　　　年（家　　）第　　　　　　号

○ ○ 　家 庭 裁 判 所 御 中 令和 ○ 年 ○ 月 ○ 日	申 立 人 （又は法定代理人など） の 記 名 押 印	甲 　野 　一 　郎　㊞ 甲 　野 　二 　郎　㊞

添付書類	※　標準的な申立添付書類については，裁判所ウェブサイトの「手続の概要と申立ての方法」のページ内の「申立てに必要な書類」欄を御覧ください。

申述人 申立人	本　籍 （国籍）	（戸籍の添付が必要とされていない申立ての場合は，記入する必要はありません。） ○○ 都道府県 ○○市○○町○丁目○番地
	住　所	〒 ○○○ － ○○○○　　　　電話 ○○○（○○○）○○○○ ○○県○○市○○町○丁目○○番○○号 （　　　　　　　　　方）
	連 絡 先	〒　　－　　　　　　　　　　電話（　　） （注：住所で確実に連絡ができるときは記入しないでください。） （　　　　　　　　　方）
	フリガナ 氏　名	コ ウ ノ　　イ チ ロ ウ 甲 　野 　一 　郎	昭和 平成 ○ 年 ○ 月 ○ 日生 令和　（　○○　歳）
	職　業	会 社 員

※ 申述人	本　籍 （国籍）	（戸籍の添付が必要とされていない申立ての場合は，記入する必要はありません。） 都道府県 申述人一郎の本籍と同じ
	最 後 の 住　所	〒 ○○○ － ○○○○　　　　電話 ○○○（○○○）○○○○ ○○県○○市○○町○丁目○番○号○○マンション○○○号室 （　　　　　　　　　方）
	連 絡 先	〒　　－ 電話（　　） （　　　　　　　　　方）
	フリガナ 氏　名	コ ウ ノ　　ジ ロ ウ 甲 　野 　二 　郎	昭和 平成 ○ 年 ○ 月 ○ 日生 令和　（　○○　歳）
	職　業	会 社 員

（注）　太枠の中だけ記入してください。
※の部分は，申立人，法定代理人，成年被後見人となるべき者，不在者，共同相続人，被相続人等の区別を記入してください。
別表第一（ 1/ 2 ）

一定期間まで認められることがあります（民法915）。

　限定承認を申し立てた相続人は，相続財産を競売に付し，換価し，負債を弁済しなければなりません。

　換価は競売が原則ですが，相続人が価額以上の弁済を行った場合には，競売に供されることなく特定の資産を取得することが可能です。

2—2　限定承認に伴う所得税課税

　相続人が限定承認をした場合は，被相続人が相続財産を相続時の時価で譲渡したものとみなされ，準確定申告において所得税の清算を行います（所法59）。限定承認により負うべき負債は，被相続人の有する資産に対する含み益の譲渡所得税も含み，他の債務とともに精算するという趣旨です。

　熟慮期間を伸長したことにより，限定承認の申述を行った日が，準確定申告期限である被相続人の死亡の翌日から4ヵ月を経過した後の場合もあります。この場合であっても，限定承認による譲渡所得を申告しなければならず，準確定申告期限は変わりありません（東京高裁平成15年3月10日判決）。

　その結果，準確定申告に関する所得税を期限までに申告・納付していないことによる無申告加算税や延滞税が課されても，その額は相続人の責に帰することから，相続税の申告において，債務控除することはできません。

2—3　限定承認財産に対する所得税課税

　限定承認を行った相続人は，申述人の固有財産と同一の注意をもって，相続財産を管理しなければなりません（民法926）。被相続人が，貸家を有していた場合などは，相続財産の分割を行うまで，相続人は共同して相続財産を管理します。

相続財産から得た果実は，法定相続分に応じて所得税の申告義務を負います。

チェックポイント！

- ■ 債務超過ならば，所得税課税はないと誤解していませんか。
  - ⇒ 債務超過で相続税の課税が生じなくても，限定承認を行った場合，相続財産の含み益などにより，所得税が課されることがあります。
- ■ 限定承認をした相続財産から生じる不動産収入を，相続人は申告をしていますか。
  - ⇒ 相続財産から生じる果実に対する課税関係については，単純承認の場合と特に異なる取扱いはされていません。
- ■ 限定承認に伴う課税額を試算する場合，住民税を加味していませんか。
  - ⇒ 限定承認に伴う課税は所得税のみで，住民税は課されません。したがって，不動産の含み益に課される税率は所得税等の15.315％です。

2―4　限定承認を行った場合の相続税申告

限定承認を申述した場合でも，単純承認とほぼ同様の相続税申告手続を行います。

すなわち，相続財産は準確定申告の譲渡所得の計算で用いた時価でなく，相続税評価額により評価をします。また，相続の開始を知った日から10ヵ月以内に申告期限が到来し，弁済義務を負わない負債を債務控除できない点などを除き，通常の申告手続とほぼ同様の申告手続です。

なお，準確定申告に伴う所得税は，債務控除できます。

チェックポイント！

- ■ 相続人全員が，限定承認申述を納得していますか。
  - ⇒ 相続放棄と異なり，限定承認は相続人全員が共同して申し立てなければなりません。

■ 債務超過でなければ，限定承認を申し立てられないと思い込んでいませんか。

⇒ 限定承認は，まだ確定していない保証債務の負担を回避する場合も選択されます。限定承認を申述した場合でも，債務超過とは限りませんので，相続税の負担を考慮する必要があります。

■ 相続税を，限定承認の対象となる負債を含むと思い込んでいませんか。

⇒ 相続財産を限度として負担する債務は，被相続人に係るものに限り，相続税に変わりはありません。

■ 被相続人が負担していた延納相続税の弁済リスクを考慮しましたか。

⇒ 限定承認を申述すると，被相続人の延納が終了し，相続税を一括して納付しなければなりません。

■ 退職手当などみなし相続財産に対して相続税が課される場合，債務控除に制限がかかる場合があることを確認しましたか。

⇒ 限定承認を行った場合には，積極財産の価額を超えて債務を弁済する義務を負わないことから，みなし相続財産があったとしても，本来の相続財産の価額を超える部分の金額については，債務控除をすることはできません。

24　限定承認があった場合　115

| Column 6 | 相続時精算課税に係る土地又は建物の価額の特例の落とし穴その1 提出期限あり |

　令和5年度税制改正において創設された「相続時精算課税に係る土地又は建物の価額の特例」については，落とし穴が多数あります。

　一番大きな点は，この特例は，税務署長の承認を受ける必要があり，提出期限までに「災害により被害を受けた場合の相続時精算課税に係る土地又は建物の価額の特例に関する承認申請書」を提出する必要がある点です。

　具体的には，相続時精算課税適用者は，災害発生日から3年を経過する日までに承認申請書を当該相続時精算課税適用者の贈与税の納税地の所轄税務署長に提出し，その承認を受けなければならないこととされています。この際，承認申請書には，被害を受けた部分の価額を明らかにする書類等を添付して提出する必要があります。また，相続時精算課税適用者の納税義務等承継人が承認申請書を提出する場合には，全ての納税義務等承継人を明らかにするもの（戸籍の謄本等）を添付するとともに，納税義務等承継人が2人以上ある場合には，その承認申請書の提出はその納税義務等承継人全員が連署して行う必要があります。

　相続時精算課税の申告を行った税理士が，どの時点まで助言義務を負うのかは，非常に悩ましい点ですが，少なくとも，継続的な関与のある顧問先に伝えておかなければ，税賠が念頭にちらつくことになるでしょう。

| ポイント | 災害で被害を受けたまま何もしないで提出期限を過ぎてしまうと，特例による評価はできなくなる。承認申請の必要がある点の助言を忘れずに。 |

（参考）　「相続時精算課税に係る土地又は建物の価額の特例に関する質疑応答事例について（情報）」(https://www.nta.go.jp/law/joho-zeikaishaku/sozoku/pdf/0024005-164.pdf)

（濱田康宏）

25 申告書の記載方法・作成順序や添付書類

1 あらまし

相続または遺贈により，遺産に係る相続税基礎控除額を超える財産を取得した者は，相続税の申告書を納税地の所轄税務署長に提出しなければなりません（相法27）。

2 解説とチェックポイント

2-1 相続税申告書の作成順序

申告書の作成は，一般的に，課税財産および債務等に関する記載をする第9表，第10表，第11表，第13表から始め，ほかを次の順番で作成し，

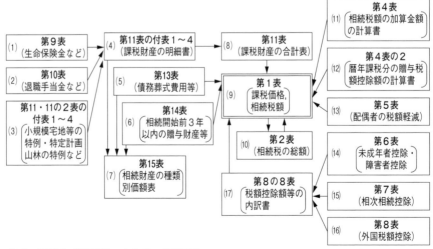

出所：国税庁「相続税の申告書の記載例」

（第14表に加算すべき年数は，今後7年になりますが，執筆時点の記載例は3年となっています）

最後に納税額を第1表に記載します。

① 相続時精算課税適用者がいる場合の追加記載

　イ　納付すべき税額のある相続時精算課税適用者がいる場合

　　　相続時精算課税に関する事項を第11の2表に記載します。

　ロ　還付される税額のある相続時精算課税適用者がいる場合

　　　イのほか，還付税額に関する事項を第1表の付表2に記載します。

② 相続税の納税猶予の特例を適用する者がいる場合の追加記載

　　相続税の納税猶予の適用を受ける場合には，その旨の記載をした次の申告書をそれぞれ提出しなければなりません。

　イ　農業相続人がいる場合

　　　第3表，第8表，第12表を作成します。

　ロ　経営承継相続人等がいる場合

　　　第8の2表（第8の2の2表），第8の2表（第8の2の2表）の付表1～4を作成します。

　ハ　林業経営相続人がいる場合

　　　第8の3表，第8の3表の付表を作成します。

　ニ　イ，ロまたはハのうち2以上に該当する者がいる場合

　　　イ，ロまたはハに掲げる表のほか，第8の7表を作成します。

チェックポイント！

■　第11・11の2表の付表1に，特例の適用を受けない人の氏名も記載していますか。

　⇒　小規模宅地等の特例，特定事業用資産の特例，特定計画山林の特例の対象となる資産を取得した相続人の氏名を，特例を受けない者であっても記載しなければなりません。

> 特例の対象となり得る財産を取得した人全員の氏名を記入します。特例の適用を受けない人の氏名も必ず記入してください。

小規模宅地等についての課税価格の計算明細書

被相続人 　国税 太郎

FD3549

この表は、小規模宅地等の特例（租税特別措置法第69条の４第１項）の適用を受ける場合に記入します。
　なお、被相続人から、相続、遺贈又は相続時精算課税に係る贈与により取得した財産のうちに、「特定計画山林の特例」の対象となり得る財産又は「個人の事業用資産についての相続税の納税猶予及び免除」の対象となり得る宅地等その他一定の財産がある場合には、第11・11の２表の付表２を、「特定事業用資産の特例」の対象となり得る財産がある場合には、第11・11の２表の付表２の２を作成します（第11・11の２表の付表２又は付表２の２を作成する場合には、この表の「１ 特例の適用にあたっての同意」欄の記入を要しません。）。
　(注) この表の１又は２の各欄に記入しきれない場合には、第11・11の２表の付表１(続) を使用します。

1 特例の適用にあたっての同意
　この欄は、小規模宅地等の特例の対象となり得る宅地等を取得した全ての人が次の内容に同意する場合に、その宅地等を取得した全ての人の氏名を記入します。
　私(私たち)は、「2 小規模宅地等の明細」の①欄の取得者が、小規模宅地等の特例の適用を受けるものとして選択した宅地等又はその一部
(「2 小規模宅地等の明細」の⑤欄で選択した宅地等)の全てが限度面積要件を満たすものであることを確認の上、その取得者が小規模宅地等の特例の適用を受けることに同意します。

氏名	国税 花子	国税 一郎	税務 幸子

(注) 小規模宅地等の特例の対象となり得る宅地等を取得した全ての人の同意がなければ、この特例の適用を受けることはできません。

2 小規模宅地等の明細
　この欄は、小規模宅地等の特例の対象となり得る宅地等を取得した人のうち、その特例の適用を受ける人が選択した小規模宅地等の明細等を記載し、相続税の課税価格に算入する価額を計算します。
　┌「小規模宅地等の種類」欄は、選択した小規模宅地等の種類に応じて次の１～４の番号を記入します。
　　小規模宅地等の種類：1 特定居住用宅地等、2 特定事業用宅地等、3 特定同族会社事業用宅地等、4 貸付事業用宅地等

小規模宅地等の種類	① 特例の適用を受ける取得者の氏名　〔事業内容〕	⑤ ③のうち小規模宅地等(限度面積要件)を満たす宅地等)の面積
	② 所在地番	⑥ ④のうち小規模宅地等(④×⑤/③)の価額

出所：国税庁「相続税の申告書の記載例」

■ 相続人に対する過去の贈与を確認しましたか。

⇒　相続人であっても，過去に贈与を受けたことを失念している場合があります。相続により財産を取得し相続税の申告を行う者は，相続開始前７年以内の贈与，または相続時精算課税贈与に関して，贈与の合計額について，開示の請求をすることができます。ただし，開示を受けられるのは，贈与額であり，贈与財産の種類の開示は受けられません。また，開示が受けられるのは，開示請求者以外の相続人に対する贈与です。そのため，相続人全員に対する贈与の記録を確認するには，２名以上からの開示請求が必要です。

25 申告書の記載方法・作成順序や添付書類　119

相続税法第49条第1項の規定に基づく開示請求書

麹町　税務署長

令和 6 年 11 月 1 日

【代理人記入欄】

住　所
東京都千代田区鍛治町
1丁目1番1号

氏　名
税理士　●●太郎

連絡先　03-0000-0000

開示請求者	住所又は居所 （所在地）	〒 000-0000 東京都千代田区千代田九丁目9番9号
	連　絡　先	※連絡先は日中連絡の可能な番号（携帯電話等）を記入してください Tel（　　　－　　　　－　　　　）
	フリガナ	ソウゾクミサエ
	氏名又は名称	相続みさえ
	個人番号	
	生年月日	昭和10年1月1日　被相続人との続柄　配偶者

　私は、相続税法第49条第1項の規定に基づき、下記1の開示対象者が平成15年1月1日以後に下記2の被相続人からの贈与により取得した財産で、当該相続の開始前3年以内に取得したもの又は同法第21条の9第3項の規定を受けたものに係る贈与税の課税価格の合計額について開示の請求をします。

1 開示対象者に関する事項（相続又は遺贈により財産を取得したすべての人（開示請求者を除く。）を記載してください。）

住所又は居所 （所在地）	東京都千代田区千代田 九丁目9番9号	東京都千代田区鍛治町 8丁目8番8号
過去の住所等		
フリガナ	ソウゾクタロウ	ソウゾクヨシコ
氏名又は名称 （旧姓）	相続太郎	相続よしこ
生年月日	昭和40年1月1日	昭和42年11月11日
被相続人との続柄	長男	養子

2 被相続人に関する事項

住所又は居所	東京都千代田区千代田九丁目9番9号
過去の住所等	
フリガナ	ソウゾクレシンジ
氏　名	相続しんじ
生年月日	昭和12年1月1日
相続開始年月日	平成・令和 6 年 4 月 1 日

3 承継された者（相続時精算課税選択届出者）に関する事項

住所又は居所	
フリガナ	
氏　名	
生年月日	
相続開始年月日	平成・令和　　年　　月　　日
精算課税適用者である旨の記載	上記の者は、相続時精算課税選択届出書を ＿＿＿＿＿＿署へ提出しています。

4 開示の請求をする理由（該当する口に✓印を記入してください。）

相続税の　☑ 期限内申告　□ 期限後申告　□ 修正申告　□ 更正の請求　に必要なため

5 遺産分割に関する事項（該当する口に✓印を記入してください。）

- □ 相続財産の全部について分割済（遺産分割協議書又は遺言書の写しを添付してください。）
- □ 相続財産の一部について分割済（遺産分割協議書又は遺言書の写しを添付してください。）
- ☑ 相続財産の全部について未分割

6 添付書類等（添付した書類又は該当項目の全ての口に✓印を記入してください。）

□ 遺産分割協議書の写し	□ 戸籍の謄（抄）本	□ 遺言書の写し	□ 委任状
☑ 住所地等が確認できる書類の写し（送付受領を希望の場合）		☑ その他（　　　　　）	
□ 私は、相続時精算課税選択届出書を＿＿＿＿＿＿署へ提出しています。			

7 開示書の受領方法（希望される口に✓印を記入してください。）

- □ 直接受領（交付時に請求者又は代理人であることを確認するものが必要となります。）
- ☑ 送付受領【郵送先：□ 開示請求者 ・ ☑ 代理人】（請求時に返信用切手、封筒が必要となります。）
- （注）代理人の住所地（事業所）への郵送を希望する場合は、代理人の住所地等が確認できる書類の写しが必要となります。

※ 税務署整理欄（記入しないでください。）

番号確認	身元確認	確認書類	個人番号カード ／ 通知カード・運転免許証 その他（　　　　　　　　）	確認者
	□ 済 □ 未済			
委任状の有無　□ 有・□ 無		開示請求者への確認　□ 無・□ 有（　　・　　・　　）		

（資4-90-1-A4統一）　（令6.6）

2—2　申告書の添付書類

　相続税の申告書には，評価額の参考になる書類のほか，特例の適用を
受けられることを証する書類などを添付しなければなりません。

【すべての申告書に添付する書類】

○個人番号確認書類，身元確認書類，図形式の法定相続情報の写しまた
　は相続関係がわかる戸籍謄本の写し，遺言書の写しまたは遺産分割協
　議書の写し，相続人全員の印鑑証明書

○相続時精算課税適用者がいる場合，被相続人および相続時精算課税適
　用者の戸籍の附票の写し

【小規模宅地等・配偶者の税額軽減共通】

○申告期限後３年以内の分割見込書（申告期限内に分割ができない場
　合）

【小規模宅地等の特例】

○申告期限後３年以内の分割見込書（申告期限内に分割ができない場
　合）

○特定居住用宅地等（自己所有家屋に居住しないなどいわゆる家なき子）
　の場合

　　第11表付表，自己の居住の用に供していることを明らかにする書類，
　相続開始前３年以内における住所等を明らかにする書類，相続開始前
　３年以内に居住していた家屋が，自己や配偶者，三親等内の親族など
　が所有する家屋以外の家屋である旨を証する書類（借家の登記簿謄本
　など），相続開始の時において自己の居住している家屋を相続開始前
　のいずれの時においても所有していたことがないことを証する書類

○特定居住用宅地等（被相続人が特別養護老人ホームに入居しているな
　ど介護転居）の場合

　　第11表付表，被相続人の戸籍の附票の写し，被相続人が要介護認定
　などを受けていたことがわかる書類（介護保険の被保険者証の写しな

ど），施設の入居状況がわかる書類（契約書や施設からの請求書），遺言書の写しや印鑑証明書を添付した遺産分割協議書の写し，相続の開始の日以後に作成された住民票の写し，戸籍の附票の写し，相続開始前3年以内に居住していた家屋が，取得者またはその配偶者の所有する家屋以外である旨を証する書類として借家契約書など

○特定事業用宅地等の場合

第11表付表，遺言書の写しや印鑑証明書を添付した遺産分割協議書の写し，相続登記後の登記簿等の写しなど，取得状況のわかる書類

○特定同族会社事業用宅地等の場合

第11表付表，遺言書の写しや印鑑証明書を添付した遺産分割協議書の写し，特例の対象となる法人の定款，被相続人や親族の株数などや発行済株式総数がわかる書類（相続開始直前の持株関係のわかる株主名簿，登記簿謄本など）

そのほか，特例の適用により添付をしなければならない書類が異なりますので，申告の都度，添付書類の確認が必要です。

チェックポイント！

■ 申告書に添付する印鑑証明は原本ですか。
⇒ 小規模宅地等の評価減や配偶者の税額軽減などの適用を受ける場合，添付する印鑑証明書はコピーでなく，原本が必要です。電子申告の場合は，イメージ送信も可能です。

■ 申告書に相続人全員の同事でなければ提出できないと誤解していませんか。
⇒ 相続税申告書を共同して提出することは任意であり，原則は相続人ごとの申告です。したがって，相続人間で交流がない場合や，遠方に居住していて一堂に会せない場合は，個別に記名押印した申告書を提出してもかまいません（相法27）。

26 相続税の申告期限と申告期限の特則

1 あらまし

相続税の課税価格の合計額が，基礎控除額を超え，相続税の申告書を提出しなければならない者は，その相続開始があったことを知った日の翌日から10ヵ月以内に，相続税の申告書を提出しなければなりません。

たとえば1月6日に相続開始を知った場合には，その翌日から10ヵ月後の11月6日が申告期限となります。その期限が税務署の閉庁日（土・日曜・祝日等）の場合は，月曜日等次の開庁日が申告期限となります。また，相続人が日本に住所および居所を有しないこととなるときは，出国の日までに納税管理人届出書を提出する場合を除き，出国の日が申告期限になります。

相続開始があったことを知った日は，一般的に被相続人の死亡日ですが，次の者については，それぞれの日が相続開始を知った日となります（相基通27-4）。

失踪の宣告を受け，死亡したものとみなされた者の相続人または受遺者	当該失踪の宣告に関する審判の確定のあったことを知った日
相続人となるべき者に失踪の宣告があり，その死亡したものとみなされた日が当該相続開始前であることにより相続人となった者	当該失踪の宣告に関する審判の確定のあったことを知った日
失踪宣告の取消しがあったことにより相続開始後において相続人となった者	失踪の宣告の取消しに関する審判の確定のあったことを知った日
認知に関する裁判，または相続人の廃除の取消しに関する裁判の確定により相続開始後において相続人となった者	その裁判の確定を知った日

相続人の廃除に関する裁判の確定により，相続開始後に相続人になった者	その裁判の確定を知った日
相続についてすでに生まれたものとみなされる胎児	法定代理人がその胎児の生まれたことを知った日
相続開始の事実を知ることのできる弁識能力がない幼児等	法定代理人がその相続の開始のあったことを知った日
遺贈（被相続人から相続人に対する遺贈を除く）によって財産を取得した者	自己のために当該遺贈のあったことを知った日
相続人以外の者が停止条件付の遺贈によって財産を取得した者	その条件が成就した日

チェックポイント！

■ 相続税の申告期限は，すべての相続人等が同じと誤解していませんか。
⇒ 死亡した時点で相続開始を知った相続人と，海外に居住しているなどにより死亡をすぐには知り得なかった相続人とでは申告期限が異なります。

2 解説とチェックポイント

2－1 相続税の開始を知らない場合

被相続人と疎遠になっている相続人の場合，葬儀の連絡を取れないことから相続開始の事実を知り得ないことがあります。その相続人には，相続税の納期限は到来しません。

たとえば，子供3人のうち1人と連絡が取れなくなっている場合，相続開始を知った2人は，法定相続分に応じた相続財産に対する相続税の申告期限が到来しますが，連絡の取れない1人の相続税申告期限は到来しません。

その1人は，相続税の納税額が確定しないことから，滞納税額も生じず，他の2人に連帯納付義務が生じることもありません。

被相続人の所轄税務署長は，調査によっても住所等が明らかでない場合は，税務署などに送達を受けるべき書類などを掲示する公示送達の方法を経て納税額が確定し，滞納処分に関する手続へと進みます。

2―2　相続税の申告期限の特例

災害などにより相続税の申告書を法定申告期限までに提出できない場合は，税務署長の職権または納税義務者からの申請により，法定申告期限の延長が可能です。

事由または理由	手続	延長の内容
災害その他やむを得ない理由（国通法11）	税務署長の職権，または申告義務者の申請	その理由のやんだ日から2ヵ月以内
相続税の申告書の提出期限が次の事由が生じた日後1月以内に到来するとき ① 認知，相続人の廃除などにより相続人に移動が生じたとき（相法32①二） ② 遺留分の侵害額請求により弁償等の額の確定したとき（相法32①三） ③ 遺贈に係る遺言書が発見されたまたは遺贈の放棄があった（相法32①四） ④ 遺贈等により財産の帰属等に関する判決があったこと（相令8②一） ⑤ 認知による支払請求が確定した場合（相令8②二） ⑥ 失踪宣告があった場合（相基通27-4⑵） ⑦ 胎児が生まれた場合（相基通27-4⑹）	相続人等の申請	事由が生じたことを知った日から2ヵ月の範囲内で延長
死亡退職金が確定した場合（相基通27-5）	相続人等の申請	確定があったことを知った日から2ヵ月の範囲内で延長
相続人となるべき胎児がある場合（相基通27-6）	胎児以外の相続人等の申請	胎児が生まれた日後2ヵ月の範囲内で延長

2―3　相続税の申告義務の承継

相続税の申告義務を有する者が，申告期限前にその申告書を提出する

ことなく死亡した場合には，その死亡した者の相続人がその相続の開始を知った日の翌日から10ヵ月以内に，相続税の申告書を提出しなければなりません（相法27②）。

【事例】

被相続人　父　（相続開始日１月１日）

相続人　母，子Ａ，子Ｂ

相続人である母が死亡（相続開始日５月１日）

相続人である子Ｂが死亡し，孫Ｄが代襲（相続開始日７月１日）

子Ａの父の相続に対する申告期限　　　　　　⇒　　11月１日

子Ａの母の相続に対する申告期限　　　　　　⇒翌年３月１日

配偶者Ｃおよび孫Ｄの子Ｂの相続に対する申告期限　⇒翌年５月１日

配偶者Ｃおよび孫Ｄの子Ｂの地位の承継による父および母の申告

⇒翌年５月１日

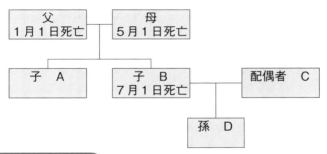

チェックポイント！

■　相続開始日において相続人であった配偶者が，申告期限前に相続が開始した場合，配偶者の税額軽減が適用できないと考えていませんか。
　⇒　申告期限において相続人が死亡によりいない場合でも，配偶者の相続人が遺産分割協議を行い，配偶者の税額軽減を適用することができます。
■　相続税申告期限前に相続が開始した場合であっても，被相続人の死亡を知った日から10ヵ月目の日が相続税の申告期限と思っていませんか。
　⇒　１次相続の相続税の申告期限前に連続して相続が発生した場合，死亡した者の相続税の申告期限は，１次相続の開始を知った日から10ヵ月でなく，２次相続の開始を知った日から10ヵ月になります。

27 未分割の場合の注意点

1 あらまし

相続税の申告期限において，共同相続人間での遺産分割が行われていないときは，各相続人が，法定相続分によって相続財産を取得したものとして課税価格を計算します（相法55）。

その後，遺産分割が確定したときは，未分割により相続税の申告書を提出した相続人は，修正申告または更正の請求を行うことができます（相法31①④・32①一）。

また債務についても，実際に負担する金額が確定していないときは法定相続分または包括遺贈の割合に応じて負担する金額を控除して申告を行います。

2 解説とチェックポイント

2—1 未分割の場合の配偶者の税額軽減

被相続人の配偶者が財産を相続した場合には，配偶者の法定相続分相当額（その額が1億6,000万円未満のときは1億6,000万円）と，配偶者の実際取得額とのいずれか低い額に相当する税額が，配偶者に対する相続税から控除されます。

しかし，配偶者に対する相続税額の軽減は，相続税の申告書の提出期限までに分割されている財産に対して適用され，未分割の相続財産に対して配偶者の税額軽減は，適用できません（相法19の2②）。

ただし，相続税の申告書に「申告期限後3年以内の分割見込書」を添付したうえで，申告期限までに分割されなかった財産について，申告期

限から3年以内に分割したときは，税額軽減の対象になります。

なお，相続税の申告期限から3年を経過した場合でも，やむを得ない事情があり，税務署長の承認を受けた場合，その事情がなくなった日の翌日から4ヵ月以内に分割されたときは，配偶者の税額軽減の対象になります（相法19の2，相令4の2②）。

チェックポイント！

■　未分割財産があるので，配偶者に対する税額軽減が適用できないと判断していませんか。

⇒　配偶者に対する税額軽減は，未分割財産に対しては適用できませんが，一部でも分割されていれば，分割された財産については適用できます。

　　分割財産と未分割財産があるときの債務控除は，納税者が有利になるように，まず未分割財産の価額から控除し，控除しきれないときに分割財産の価額から控除することができます（相基通19の2-6）。

2-2　未分割の場合の小規模宅地等の評価減

被相続人等の事業の用に供されていた宅地等，または被相続人等の居住の用に供されていた宅地等であっても，相続税の申告期限までに分割がされていないものは，小規模宅地等の評価減の適用はありません（措法69の4④）。

ただし，相続税の申告書の提出期限までに分割されていない場合において，申告期限後3年以内の分割見込書を提出し，その後申告期限から3年以内に分割された場合には，その分割された宅地等について，小規模宅地等の評価減の適用があります（措法69の4④但書）。

＜申告期限後３年以内の分割見込書＞

3　適用を受けようとする特例等

該当する項目のすべてに
丸を付けます。

(1)　配偶者に対する相続税額の軽減（相続税法第19条の２第１項）

(2)　小規模宅地等についての相続税の課税価格の計算の特例
　　　（租税特別措置法第69条の４第１項）

(3)　特定計画山林についての相続税の課税価格の計算の特例
　　　（租税特別措置法第69条の５第１項）

(4)　特定事業用資産についての相続税の課税価格の計算の特例
　　　（所得税法等の一部を改正する法律（平成21年法律第13号）による
　　　改正前の租税特別措置法第69条の５第１項）

チェックポイント！

■　相続税の申告期限までに遺産分割が行えない場合，「申告期限後３年以内の分割見込書」を申告書に添付しましたか。

⇒　分割の行われた不動産でなければ，小規模宅地等の評価減の適用を受けることはできません。当初申告の相続税の申告書に「申告期限後３年以内の分割見込書」を添付して提出し，相続税の申告期限から３年以内に分割された場合に特例の適用を受けることができます。この場合，分割が行われた日の翌日から４ヵ月以内に更正の請求を行うことができます。

２－３　３年を超えて未分割の場合の小規模宅地等の評価減

　相続税の申告期限から３年を経過しても，まだ分割されなかった宅地等は，原則としてそれ以降は小規模宅地等の評価減は適用できませんが，相続または遺贈に関し訴えの提起がされたことなど一定のやむを得ない事由がある場合には，「遺産が未分割であることについてやむを得ない事由がある旨の承認申請書」を提出し，納税地の税務署長の承認を受けたときは，特例の適用を受けられる場合があります。

やむを得ない事由とは，相続等に関して訴えがあったこと，相続に関して調停等の申立てがなされていること，家庭裁判所による分割禁止がなされていることなどです。

単に相続人による遺産分割の不調は理由になりませんので，3年近く未分割の場合は，調停の申出をし，やむを得ない事由の承認を受けることも検討すべきです。

2—4　未分割不動産から生じる不動産所得

未分割財産に不動産賃貸物件がある場合，その相続財産から生ずる所得は遺産分割が確定するまでは，共同相続人がその法定相続分に応じて申告します。

また，その後遺産分割が確定した場合であっても，前年の納税義務が確定する12月31日において未分割であれば，分割の確定を理由とする更正の請求または修正申告を行うことはできません。

相続人の消費税の納税義務を判定する場合，基準期間の課税売上高は被相続人の基準期間の課税売上高と相続人の課税売上高を合算して判定しますが，未分割の場合，被相続人の課税売上高を法定相続分の割合で乗じた額を合算して判定します。

いわゆるインボイス制度である適格請求書発行事業者が死亡した場合，「適格請求書発行事業者の死亡届出書」提出日の翌日または死亡した日の翌日から4ヵ月を経過した日のいずれか早い日に登録の効力が失われるため，相続により事業を承継した相続人が，適格請求書発行事業者の登録を受けることを検討する必要もあります。

2—5　株式が未分割の場合の取引相場のない株式の評価

相続財産に取引相場のない株式がある場合，相続人の相続取得後の議決権の割合によって評価方法が異なります。

取引相場のない株式に関して未分割の場合の各相続人の議決権数は，それぞれが所有する株式数にその未分割の株式数に係る議決権数を加算した数です。

　また，遺産分割が成立した場合，遺産分割後の議決権で判定しますので，遺産分割の内容によっては，評価額が大きく変わる場合があります。

27 未分割の場合の注意点　131

Column 7 相続時精算課税に係る土地又は建物の価額の特例の落とし穴その2
特例対象となる財産の範囲

　令和5年度税制改正において創設された「相続時精算課税に係る土地又は建物の価額の特例」については，落とし穴が多数あります。

　2つめは，特定贈与者からの贈与により取得した財産の中には，災害特例の対象とならないものがある点です。

　まず，この特例は，「土地又は建物」を対象とするのですが，この土地の中には借地権は入りません。通常，借地権を土地とセットで考える税理士の常識に反しますが，ここは誤解が許されません。

ポイント　借地権は，災害特例の対象になっていない。

　そして，相続時精算課税を使っていても，贈与を受けた住宅取得資金で取得した家屋は災害特例の対象にならないとされています。これは，贈与により取得したのはあくまでも資金であるからですが，知らなければ看過してしまうでしょう。なお，建物ではないことから，構築物も対象外とされています。

ポイント　贈与を受けた住宅取得資金で取得した家屋は対象外。

　最後に，株式評価を行う際に，株式に含まれる土地・建物については，この特例の対象になっていない点にも注意が必要です。

ポイント　災害特例の対象となる「土地又は建物」の範囲は存外狭い。

（参考）「相続時精算課税に係る土地又は建物の価額の特例に関する質疑応答事例について（情報）」(https://www.nta.go.jp/law/joho-zeikaishaku/sozoku/pdf/0024005-164.pdf)

（濱田康宏）

28 更正の請求の特則

1 あらまし

　提出した相続税の申告書の内容につき，納付税額が過大であった場合には，原則として法定申告期限から5年以内に限り更正の請求をすることができます（通則法23①）。また，遺産分割協議で5年を超えてまとまった場合や相続人の排除判決など，申告期限後に課税に影響する事実に関して，異動が生じる場合も珍しくありません。そこで，国税通則法と相続税法において，更正の請求期限の特則が定められています（通則法23②，相法32）。

> **チェックポイント！**

> ■　過大申告ならば申告期限から5年以内は，常に更正の請求をすることができると思っていませんか。
> 　⇒　更正の請求ができるのは，計算が法の規定に従っていなかったこと，またはその計算に誤りがあったことにより，納付税額が過大となった場合です。小規模宅地等の特例が適用可能な土地に評価減の適用を行わなかったことは計算の誤りでないことから，更正の請求は行えません。

2 解説とチェックポイント

2—1 国税通則法に基づく更正の請求の特則

　後発的事由が生じた場合，それぞれの日の翌日から2ヵ月以内に限り，更正の請求が行うことができます（通則法23②）。

　①　課税価格の計算の基礎となった事実に関する訴えについての判決

により，その事実が計算の基礎と異なる場合−確定した日

② 相続財産に帰属するものとされていたものが，他の者に帰属する
ものとして，当該他の者に更正があった場合—更正のあった日

③ 法定申告期限後に生じた，①②に類する理由—理由が生じた日

2−2 相続税法に基づく更正の請求の特則

相続特有の事情を鑑み，次の事由が生じ，納付税額が過大となったと
きは，その事由が生じたことを知った日の翌日から4ヵ月以内に限り更
正の請求が行えます（相法32）。

① 未分割財産が分割された場合

② 認知・排除・放棄取消しなど相続人に異動が生じた場合

③ 遺留分侵害額の請求に基づき，支払う金額が確定した場合

④ 遺言書が発見され，または遺贈の放棄があった場合

⑤ 土壌汚染の発覚などの理由により条件付物納が取り消された場合

⑥ 取得した相続財産などの帰属に関して，判決があった場合

⑦ 相続人が存在しない被相続人から，特別縁故者に分与された場合

チェックポイント！

■ 小規模宅地の選択替えは，どのような場合にも認められないと思っ
ていませんか。
⇒ 小規模宅地等の要件に欠ける土地を減額していた場合のように明
らかに誤った選択をしていたときは，更正の請求により，要件を満
たす別の土地に差し替えが認められる場合がありますが，遺留分侵
害額の請求によって土地を引き渡すことは代物弁済に該当し，相続
に異動が生じるわけではないため，小規模宅地等特例のやり直しは
できません。
■ 未分割財産が分割されたことなどにより各人の納税額が異動した場
合，更正の請求と修正申告を行わなければならないと思っていませんか。
⇒ 一方の相続人の相続税が減少する場合でも，更正の請求をしない場
合，他の相続税額が増額した相続人は，修正申告の義務はありません。

29 連帯納付義務と納税の特例

1 あらまし

　相続または遺贈により財産を取得した者は，お互いにそれぞれ相続税の納付義務を負います。また，どのような遺産分割をするかは相続人に委ねられていることから，遺産分割の方法にかかわらず相続税納税に影響が出ないよう，共同相続人間において，相続または遺贈により受けた利益を限度として連帯納付義務を負います（相法34）。

2 解説とチェックポイント

2—1 相続税の連帯納付義務が生じる場合

　相続税の連帯納付義務を負うのは，次の3つの場合です。

（1）相続人間の連帯納付義務

　相続または遺贈により財産を取得したすべての者は，その受けた利益の価額を限度に，他の納税義務者の相続税に関して，連帯納付義務を負います（相法34①）。ただし，次の場合は，連帯納付義務を負いません。

① 申告期限から5年を経過した場合（相法34①一）

② 延納の許可を受けた場合（相法34①二）

③ 農地等，山林，非上場株式等や医療法人の持分などに関して，納税猶予の適用を受けた場合（相法34①三，相令10の2）

（2）被相続人の相続税の連帯納付義務

　他の者の相続に関して，相続税の納税義務を履行せずに死亡した場合，その死亡した者から相続または遺贈により財産を取得した相続人等は，相続または遺贈により受けた利益の価額を限度に，死亡した者の相続税

の連帯納付義務を負います（相法34②）。

　被相続人の相続税の納付義務を，相続人が被相続人から受けた相続財産の価額を限度に，連帯納付義務を負うということです。

（3）相続財産の贈与等を受けた者の相続税の連帯納付義務

　相続税の納付義務を有する者が，その相続により取得した財産の贈与や寄附をした場合，その贈与や寄附を受けた者は，贈与または寄附により移転した利益の価額を限度に，相続税の連帯納付義務を負います（相法34③）。いわゆる，詐害行為と同様なことが行われた場合に，連帯納付義務が生じます。連帯納付義務を負う寄附を受けた者には，個人のほか法人も含まれます。

チェックポイント！

■　相続財産をすべて処分すれば，連帯納付義務を履行できると誤解していませんか。
　⇒　相続または遺贈により受けた利益の価額とは，相続税申告における評価額から債務控除額および登録免許税を控除した額を指します。したがって，相続後に相続評価額より相続財産の価値が下がった場合には，相続財産をすべて処分しても，連帯納付義務が履行できず，相続人固有の財産を処分しなければならない場合もあります。
■　相続税の連帯納付義務を履行すれば，それ以上の負担はないと誤解していませんか。
　⇒　連帯納付義務により，他の者が相続税を代位して負担した場合，代位した者からみなし贈与が生じることがあります。
　　　みなし贈与を受けた相続人が，贈与税を納付しない場合，みなし贈与の連帯納付義務を，さらに負う可能性があります。
■　行方不明の相続人がいる場合，その相続人の相続税に関して連帯納付義務を負うと思っていませんか。
　⇒　相続の開始を知らない相続人は，相続税の申告義務が生じません。税務署長が行方不明の者に対して，公示送達等の方法により相続税の決定処分を行い，行方不明者の納税義務が生じた後でなければ，連帯納付義務は生じません。

2―2　相続税の納付の特例

　災害等のやむを得ない理由により，申告期限までに相続税を納付することが困難な場合，延納や物納の申請以外にも，特例があります。

（1）申告期限の延長

　災害その他やむを得ない理由があるときは，税務署長等は，国税に関する申告・納付等の期限の延長を行うことができます（通則法11）。

　延長される期限は，災害等がやんだ日から2ヵ月以内の期間であり，災害がやんだ日が特定できていない場合には，後日期限を定めます。

　納期限の延長は，対象となるすべての納税義務者に影響が及びます。

（2）災害等により財産に損失を受けた場合の納税猶予

　災害等により財産に相当な損失を受けた場合には，税務署長への申請により納税の猶予を受けることができます（通則法46①）。

　（1）との違いは，納税義務者が申請をしなければ延長されない点です。

　なお，猶予期間中は，延滞税は生じません。

対象範囲	災害のやんだ日以前に納税義務が成立しており，災害により財産に損失を受けた日以降1年以内に納期限が到来する国税
認められる場合	①災害で全資産額のおおむね20%以上の損失を受けたこと ②災害のやんだ日から2ヵ月以内に税務署長に申請すること
納税猶予期間	損失の程度に応じて，納期限から1年以内

（3）一時納付困難事由による納税猶予

　災害，盗難，納税者または同居親族の疾病が生じた場合，税務署長に納税の猶予を申請することができます（通則法46②）。

　（2）との違いは，財産に大きな損害がなくても納税が猶予される点と，担保提供が必要という点です。

　また，（2）の災害は，震災，落雷，風水害，火災その他これらに類する災害をいいますが，（3）の災害にはこれらのほかに，地滑り，噴火，

干害，冷害，火薬類の爆発，ガス爆発，交通事故，病虫害の異常な災害，事業の休廃止等も含まれ，広く対象範囲が認められています。

認められる場合	①災害その他やむを得ない理由に基づき，国税を一時に納付することが困難な場合 ②納税猶予の申請を税務署長に行うこと
納税猶予期間	原則1年以内（やむを得ない理由があると認められるときは，申請に基づき，合計2年以内の範囲で再延長可能）
猶予金額	災害等により被害を受けたことに基づき，一時に納付することが困難と認められる金額
担保提供	原則として必要（50万円以下または特別な場合は不要）
延滞税	猶予期間に対応する延滞税の全部または一部を免除（通則法63①）

（4）災害を受けたときの相続税の軽減

相続税の申告期限後に，災害により相続税の課税財産に，その価格の10％以上の被害を受けた場合，被害を受けた部分に対応する税額は免除されます（災免法4・6）。

① 法定申告期限前に災害があった場合

法定申告期限前に相続財産の価格の10％以上の災害があった場合，被害を受け保険金等で補てんされなかった相続財産の価額を控除して課税価格を計算できます。この場合，災害減免法6条による計算明細書を添付して相続税申告書を提出します。

② 法定申告期限後に災害があった場合

法定申告期限後に災害があり，法定申告期限前の相続財産の価格の10％以上の災害があった場合，被害を受け保険金等で補てんされなかった相続財産の価額に対応する金額が免除されます。ただし，災害のやんだ日から2ヵ月以内に，納税地の所轄税務署長に災害減免法4条による免除承認申請書を提出しなければなりません。

そのほか，相続または遺贈により取得した財産や相続時精算課税により贈与を受けた財産が，災害により被害を受けた場合，災害による被災価額を調整した額が評価額となることがあります。

30 延納と物納

1 あらまし

　一般に納税は，納期限内に金銭で納付することが原則ですが，相続税は金銭以外の財産も課税客体としていることから，納税額より金銭額が少ないなど，金銭での納税が困難な場合があります。

　そこで相続税については，金銭納付が困難な額を限度として延納が，金銭納付および延納が困難な額を限度に相続財産による物納が認められています。

2 解説とチェックポイント

2―1 金銭納付困難理由

（1）金銭納付を困難とする理由書

　延納許可される最高限度額は，相続税申告書第1表に記載された相続税額から，納期限までに納付できる金額を控除した額であり，さらに，延納によっても，納付することが困難な額が，物納許可限度額となります。

　これらの金額は，「金銭納付を困難とする理由書」により計算をしますが，次のような問題も抱えています。

（2）納期限までに納付することができる金額

　納期限までに納付することのできる金額は，次の①から②―1および②―2を控除した額を限度とします（相令12）。

①	納期限において有する，相続したもののほかに，相続人固有のものを含めた現預金その他の換価が容易な財産の価額に相当する金額
②―1	申請者および生計を一にする配偶者やその他の親族の3ヵ月分の生活費（1ヵ月あたり申請者10万円，親族4.5万円）
②―2	申請者の事業の1ヵ月相当の運転資金

老後資金に充てる養老保険であっても換価容易のため，解約相当額を納税に充てられる金額として計算しなければなりません。

また生活費として留保できる預金は，前年の所得により算定した3ヵ月相当額であり，子供の進学資金などの貯蓄は，金銭による納付可能額とされます。

さらに生活費の額は，申請者が月額10万円，親族が月額4万5,000円と固定されているうえ，納税者と納税者の親族の収入比率で按分された額が生活費とされています。

すなわち，相続財産および相続人の預貯金を，教育資金や老後資金などの貯蓄を含めほとんど納税に充てて，それでも納税資金が不足する場合に，はじめて延納許可可能額が算出される，たいへん厳しい制度です。

そこで昨今は，民間金融機関の相続税納税資金融資も活発です。

チェックポイント！

■ 事業経費の額は，季節変動や，経済情勢変動を加味していますか。
⇒ 事業経費として控除できる額は，年間経費の12分の1ですが，季節変動や経済情勢変動による調整が認められます。
なお，申告期限後に金銭納付困難額が算出されないために，延納や物納の許可が受けられず延滞となる場合もありますので，延納や物納を申請する可能性がある場合は，早めの所轄税務署との打ち合わせが必要です。

2―2　延　納

　次のすべての要件を満たす場合に，延納の許可を受けることができます（相法38）。

① 　金銭で納付することを困難とする事由があり，かつ，その納付を困難とする金額の範囲内であること

② 　延納税額および利子税の額に相当する担保を提供すること

③ 　延納しようとする相続税の納期限または納付すべき日（延納申請期限）までに，延納申請書に担保提供関係書類を添付して税務署長に提出すること

④ 　相続税額が10万円を超えること

　延納申請期限までに担保提供関係書類を提供することができない場合でも，「担保提供関係書類提出期限延長届出書」を提出することにより，1回につき3ヵ月を限度として，最長6ヵ月まで担保提供関係書類の提出期限を延長することができますが，手続にミスがあると影響が大きいため，書類の提出期限の延長申請は避けたいところです。

　延長申請を行わなければならない場合として，延納担保に供する不動産に，金融機関の抵当が付されている場合などが考えられます。金融機関の抵当を解除しなくても，抵当額の減額により，延納の担保要件を充足することがあります。

2―3　延納利子税

　金融機関の借入れと同様に，延納には利子がかかります。

　延納可能期間と利子税は，延納申請者の相続税額の計算の基礎となった財産のうちに占める不動産等の割合によって，次の表のとおりとなります。

区　　分		延納期間（最高）	延納利子税割合（年割合）	特例割合※
不動産等の割合が75％以上の場合	① 動産等に係る延納相続税額	10年	5.4％	0.6％
	② 不動産等に係る延納相続税額（③を除く）	20年	3.6％	0.4％
	③ 森林計画立木の割合が20％以上の森林計画立木に係る延納相続税額	20年	1.2％	0.1％
不動産等の割合が50％以上75％未満の場合	④ 動産等に係る延納相続税額	10年	5.4％	0.6％
	⑤ 不動産等に係る延納相続税額（⑥を除く）	15年	3.6％	0.4％
	⑥ 森林計画立木の割合が20％以上の森林計画立木に係る延納相続税額	20年	1.2％	0.1％
不動産等の割合が50％未満の場合	⑦ 一般の延納相続税額（⑧，⑨および⑩を除く）	5年	6.0％	0.7％
	⑧ 立木の割合が30％を超える場合の立木に係る延納相続税額（⑩を除く）	5年	4.8％	0.5％
	⑨ 特別緑地保全地区等内の土地に係る延納相続税額	5年	4.2％	0.5％
	⑩ 森林計画立木の割合が20％以上の森林計画立木に係る延納相続税額	5年	1.2％	0.1％

※　令和5年の財務大臣の告示した割合により算出された率

2－4　特定物納

　延納の許可を受けたものの，その後の事情により延納条件を履行することが困難となる場合があります。その場合，申告期限から10年以内に限り，分納期限が未到来の税額部分について，延納から物納への変更を行うことができます。これを「特定物納」といいます。

　特定物納申請をした場合には，物納財産を納付するまでの期間に応じ，当初の延納条件による利子税を納付する点は，申告期限から利子税が課されない物納とは異なります。また，特定物納に係る財産の収納価額は，相続時の評価額にかかわらず，特定物納申請書を提出した時の価額です。

2—5 相続税の物納

次に掲げるすべての要件を満たしている場合に，物納の許可を受けることができます（相法41）。

① 延納によっても金銭で納付することを困難とする事由があり，かつ，その納付を困難とする金額を限度としていること

② 物納申請財産は，納付すべき相続税の課税価格計算の基礎となった相続財産のうち，次に掲げる財産および順位で，その所在が日本国内にあること

物納に充てることができる財産は次の順位であり，通常財産と劣後財産の種類別にすると，次のa～eの順位によります。

第1順位	a 不動産，船舶，国債証券，地方債証券，上場株式等
	b 不動産および上場株式のうち物納劣後財産に該当するもの
第2順位	c 非上場株式等
	d 非上場株式のうち物納劣後財産に該当するもの
第3順位	e 動産

○第1順位の上場株式等は，次のものを指します。

- ・社債券（特別の法律により法人の発行する債券を含み，短期社債等に係る有価証券を除く）
- ・株券（特別の法律により法人の発行する出資証券を含む）
- ・証券投資信託の受益証券
- ・貸付信託の受益証券
- ・新株予約権証券
- ・投資信託の受益証券（証券投資信託を除く）
- ・投資証券
- ・特定目的信託の受益証券
- ・受益証券発行信託の受益証券

③ 物納に充てる財産は，管理処分不適格財産に該当しないものであること

④ 申請期限までに，物納申請書に物納手続関係書類を添付し税務署長に提出すること

物納申請期限までに物納手続関係書類を提出することができない場合は，延納と同様に提出期限を延長することができますが，できる限り延長は避けるべきです。特に境界確定には時間がかることから，物納を検討している場合は，相続前から物納要件を充足する準備をすべきです。

2—6　物納のリスク

譲渡所得税が課されることなく，相続税評価額で納税が行える物納は，納税に大きなメリットがありますが，次のようなリスクもあります。

① 汚染物質除去の履行義務などの条件を付されて物納の許可を受けた後に，許可財産に土壌汚染などの瑕疵があることが判明した場合，汚染の除去などが求められます。

② 借地人からの同意書を得られないなど，物納手続関係書類を用意できず，相続税の納期限から数ヵ月経過した時点で納税が行えないことが明らかになる場合があります。

チェックポイント！

■ 物納の取下げを行う場合，延納申請を行いましたか。
⇒ 物納の手続関係書類が用意できないなど，物納を取り下げる場合，同時に延納申請書を提出しなければ，申告期限から延滞税が課されます。

■ 相続時精算課税贈与財産は，物納に充てることはできません。
⇒ 物納に充てることができる財産は，相続財産か，相続財産により取得した財産であり，相続時精算課税贈与財産は，物納に充てることはできません。

31 農地等の相続税の納税猶予

1 あらまし

　農地に相続税が課されることにより，農業継続が行えない場合があります。そこで，相続人が農業を継続する場合に限り相続税を猶予するのが，農地等の相続税の納税猶予制度です。農業を営んでいた被相続人から，農業相続人が農地等を相続や遺贈，生前一括贈与により取得し，農業を継続する場合には，相続した農地等の価額のうち農業投資価格を超える部分に対応する相続税額は，納税が猶予されます（措法70の6）。

　また，①特例の適用を受けた農業相続人が死亡した場合，②次世代の農業後継者に農地の贈与税の納税猶予を受け一括贈与した場合，③一定の農地を相続した農業相続人が相続税の申告書の提出期限から一定の農地に関して農業を20年間継続した場合は，農地等納税猶予税額が免除されます。

> **チェックポイント！**
>
> ■ 精算課税贈与を受けた農地に関して納税猶予を受けていませんか。
> ⇒ 農地等の相続税の納税猶予が受けられるのは，相続により取得した場合と，贈与税の納税猶予を受けて贈与により取得した場合です。

2 解説とチェックポイント

2—1 農地等の相続税の納税猶予を受けるための要件

　農地等の相続税の納税猶予を受けるためには，主に次の要件を満たさ

なければなりません。

項目	要件
被相続人要件	① 死亡の日まで特例適用農地で農業を営んでいた個人 ② 生前に農地等を農業相続人に一括贈与した個人
適用対象農地要件	① 相続または遺贈により取得し，相続税の申告期限までに遺産分割された農地・採草放牧地 ② 被相続人が特定貸付けを行い，相続税の申告期限までに遺産分割された農地・採草放牧地 ③ 被相続人が営農困難時貸付けを行い，相続税の申告期限までに遺産分割された農地・採草放牧地 ④ 贈与税の納税猶予または納期限の延長を受け，被相続人から一括贈与を受けた農地・採草放牧地 ⑤ 相続開始年に被相続人から生前一括贈与を受けていた農地・採草放牧地
農業相続人要件	① 相続税の申告期限までに農業経営を開始し，その後も引き続き農業経営を行うと認められる者 ② 農地等の生前一括贈与を受けた受贈者で，農業委員会の証明を受けた者
手続要件	相続税の期限内申告書第12表の記載をし，担保提供書，納税猶予に係る的確者証明書などを添付すること

> **チェックポイント！**

- ■ 20年営農すれば，猶予税額が免除されると思っていませんか。
  - ⇒ 20年営農により免除されるのは，市街化区域農地のうち，一部の農地に限ります。
    また，平成30年度税制改正前は三大都市圏の特定市以外の区域内の生産緑地地区内の農地等について，20年営農により免除されましたが，現在は原則として終身営農が求められます。
- ■ 被相続人は死亡の日まで農業を営んでいましたか。
  - ⇒ 特例の適用を受けるのは，死亡の日まで農業を営んでいた被相続人や，特定貸付けを行っていた被相続人に限られます。
    固定資産税課税や農業委員会への届出において農地となっている土地であっても，耕作がなされていない場合があります。このよう

な土地は納税猶予を受けることが難しい場合があります。

2−2　特例対象となる農地等の要件

　特例対象となる農地等は，農地法に規定する農地または採草放牧地，準農地のうち，市街化区域内の農地，牧草放牧地と，三大都市圏の特定市の市街化区域内に所在する生産緑地地区内や地区計画農地保全条例区域内になる農地です。

【農地に係る贈与税・相続税の納税猶予の適用区域および要件】

地理的区分 / 都市計画区分		三大都市圏		地方圏
		特定市	特定市以外	
市街化区域	生産緑地地区	営農：終身	営農：20年⇒終身	
		貸付：−　⇒認定都市農地貸付，農園用地貸付		
	田園住居地域	営農：終身 （貸付：−） 【都市営農業地等】	営農：20年 （貸付：−）	
	上記以外			
市街化区域外 （市街化調整区域， 非線引き区域）		営農：終身 （貸付：特定貸付）		

2−3　猶予税額の納税が生じる場合

　農業相続人が，納税猶予の適用を受けた農地等を譲渡や転用，耕作放棄等を行った場合，農地に係る猶予税額を全部納付しなければなりません（全部確定事由）。

　ただし，収用等の場合や，譲渡等した農地等の面積が20％以下の場合などは，農地に係る猶予税額を一部納付しなければなりません（一部確定事由）。

　①　猶予税額の全部を納付する場合（全部確定事由）

1）20％を超える面積の譲渡・転用をした場合

2）特例のうちに係る農業経営を廃止した場合

3）農業後継者に農地の一括贈与を，一部の農地だけ行った場合

4）3年ごとの継続届出書を提出しなかった場合

5）増担保または担保変更命令に応じなかった場合

② 猶予税額の一部を納付する場合（一部確定事由）

1）20％以下の面積の譲渡・転用をした場合

2）収用交換等により譲渡した場合

3）納税猶予の対象が準農地で，10年経過日に農業に供されていない場合

4）生産緑地の買取り等の申し出があった場合

チェックポイント！

■ 3年に一度，納税猶予継続届は提出していますか。

⇒ 納税猶予を受けている間は，申告期限から3年ごとに納税猶予の継続届を提出しなければならず，提出を失念した場合には納税猶予は取り消されます。

2－4　納税猶予対象農地を貸し付けた場合

納税猶予の対象農地を譲渡した場合や貸し付けた場合には，農業の用に供さないこととなり，納税猶予が取り消されることが原則ですが，次の場合は，制度趣旨から納税猶予は継続されます。

（1）特例対象農地の買換えの特例

特例対象農地を譲渡し，1年以内に代替農地を取得する見込みがあるときは，譲渡から1ヵ月以内に税務署長に承認申請を行うことにより，譲渡はなかったものとされます。

ただし，譲渡から1年以内に譲渡対価の全部または一部を代替農地の取得に充てることが求められます。

（2）納税猶予対象農地の借換特例

納税猶予を受けている特例対象農地を農用地利用集積計画による貸付けがなされた場合において，貸し付けた特定対象農地に代わるものとして別の農地を借り受け場合には，賃借権を設定した日から2ヵ月以内に所轄税務署長に届出書を提出するなどの要件を満たした場合には，納税猶予は継続されます。

（3）納税猶予対象農地の貸付け特例

納税猶予を受けている特例対象農地を，一時的に道路用地に提供するなどをした場合には，貸付けを行った日から1ヵ月以内に所轄税務署長に承認申請書を提出するなどの要件を満たした場合には，納税猶予は継続されます。

（4）納税猶予対象農地の特定貸付け特例

納税猶予を受けている特例対象農地を，農業経営基盤強化促進法に基づき貸付け等を行った場合には，貸付けを行った日から2ヵ月以内に所轄税務署長に承認申請書を提出するなどの要件を満たした場合には，納税猶予は継続されます。

また，納税猶予を受け，特定貸付けを行っていた者が死亡した場合，貸し付けている農地であっても特定貸付けならば，相続税の納税猶予を受けることができます。

（5）都市農地の貸付け特例

納税猶予を受けている特例対象農地を，認定都市農地，または農園用地として貸し付けた場合に，貸付けを行った日から2ヵ月以内に所轄税務署長に承認申請書を提出するなどの要件を満たした場合には，納税猶予は継続されます。

また，納税猶予を受け，都市農地貸付けを行っていた者が死亡した場

合，貸し付けている農地であっても特定貸付けならば，相続税の納税猶予を受けることができます。

（6）営農困難時貸付け特例

納税猶予を受けている農業相続人が，障害，疾病，その他の理由により営農継続が困難となった場合には，農業経営基盤強化促進法に基づく貸付けを行った場合や，農業経営基盤強化促進法に定める区域外の場合で，農業経営基盤強化促進法に基づく貸付け申込みから1年経過しても貸付けできない場合において，営農困難時貸付けを行った日から2ヵ月以内に所轄税務署長に届出書を提出した場合には，納税猶予は継続されます。

> **チェックポイント！**
>
> ■　農業相続人が，常に耕作を継続しなければならないと考えていませんか。
> ⇒　農業相続人が，障害，疾病などの理由により耕作継続が困難になった場合，税務署長に届け出たうえで，農地中間管理機構などに農地を貸し付けた場合は，納税猶予は継続されます。
> 　　ただし，納税猶予を受けている特例対象農地等を一定の要件で貸し付け納税猶予を継続するためには，貸付けから1ヵ月以内または2ヵ月以内という極めて短期間に所轄税務署長に申請または届出を行わなければなりません。

32 評価の原則

1 あらまし

　相続，遺贈または贈与により取得した財産の価額は，時価によるものとされています（相法22）。時価とは，課税時期において，それぞれの財産の現況に応じ，不特定多数の当事者間で自由な取引が行われる場合に通常成立すると認められる価額のことで，地上権や永小作権，定期金に関する権利など相続税法で評価方法が規定されているものを除き，その価額は，財産評価基本通達の定めによって評価した価額によることとされています（評基通1）。

2 解説とチェックポイント

評価方法の概要

　財産評価基本通達では，財産の種類ごとに評価単位が規定されており，その評価単位ごとに評価を行うこととなっています。また，財産の評価にあたっては，その財産の価額に影響を及ぼすべきすべての事情を考慮することとされており，その評価方法の概要は，次のとおりとなります。

評価方法	適用される財産の種類
売買実例価額	上場株式，気配相場等のある株式，取引相場のある電話加入権
売買実例価額に比準して算出する方法	取引相場のない株式（類似業種比準価額）
売買実例価額，精通者意見価格等を参酌する方法	一般動産，書画骨とう品，船舶

売買実例価額，公示価格，鑑定評価額，精通者意見価格等を基とする方法	土地（路線価方式，倍率方式における倍率）
固定資産税評価額を基とする方法	土地（倍率方式），家屋
再建築価額を基とする方法	構築物
販売価格または仕入価格を基とする方法	棚卸資産，売買実例価額等が明らかでない一般動産
費用現価（課税時期までに投資した費用の額を課税時期の価額に引き直した額の合計）により算出する方法	造成中の宅地，建築中の家屋
基準年利率による複利現価または複利年金現価による方法	特許権，商標権，営業権，鉱業権
収益（配当）還元法	取引相場のない株式のうち少数株主の持分（特例評価）
元本に既経過利子の額を合計	預貯金，貸付金

　この通達に評価方法の定めのない財産の価額は，この通達に定める評価方法に準じて評価することとされ，この通達の定めによって評価することが著しく不適当と認められる財産の価額は，国税庁長官の指示を受けて評価することとされています（評基通6）。

　チェックポイント！

■　財産評価基本通達に則って財産を評価した場合に，評価額が適切に時価を反映していますか。
⇒　通達による評価額が不適当と考えられる場合には，不動産鑑定等による時価の算定方法も検討します。

33 名義預金と名義株

1 あらまし

　国税当局の統計資料（図表33―1）からも相続財産に占める預貯金の構成割合は上昇を続けていることがわかります。また，申告もれ財産についても預貯金が高い割合を占めています。相続税の調査対象として，預貯金の口座間の移動状況や家族名義預金の分析は中心的調査となっています。上場株式については，証券会社の取引報告書や顧客勘定元帳か

図表33―1　相続財産の金額の推移

（単位：億円）

項目 年分	土　地	家　屋	有価証券	現金・ 預貯金等	その他	合　計
平成25年	52,073	6,494	20,676	32,548	13,536	125,326
26	51,469	6,732	18,966	33,054	13,865	124,086
27	59,400	8,343	23,368	47,996	17,256	156,362
28	60,359	8,716	22,817	49,426	17,345	158,663
29	60,960	9,040	25,404	52,836	18,688	166,928
30	60,818	9,147	27,733	55,890	19,591	173,179
令和元年	57,610	8,793	25,460	56,434	19,228	167,524
2	60,389	9,302	25,811	58,989	19,678	174,168
3	65,428	10,133	32,204	66,846	22,182	196,794
4	70,688	11,092	35,702	76,304	24,877	218,663

（注）上記の計数は，相続税額のある申告書（修正申告書を除く。）データに基づき作成している。

出所：国税庁　令和4年分　相続税の申告事績の概要

ら被相続人の財産とすべき名義株式がないかを確認します。非上場株式については，株主名簿や法人税の申告書別表二だけでは把握できないことも多く，過去の法人の資料も実地調査の対象となります。

2　解説とチェックポイント

2－1　名義預金は重点的な調査項目

　預金の贈与は，実行しやすいこともあり，相続税対策として実施されています。しかし，被相続人に帰属することを認識していながら，名義預金や名義株を意図的に申告しなかった場合，仮装隠蔽があったものとして重加算税が課されるリスクもあります。預貯金は，実地調査に先立って，ほとんどの事案で金融機関への預金照会が行われています。大口の入出金を中心に過去5年程度の財産の運用状況を分析します。また，家族名義の口座への移動についても預金照会が行われているのが通常です。

図表33－2　預金口座間の資金移動の分析

＜預金取引の分析＞

日付	○○銀行△△支店 普通預金 入金	○○銀行△△支店 普通預金 出金	○○銀行△△支店 定期預金 入金	○○銀行△△支店 定期預金 出金	ゆうちょ銀行 定額貯金 入金	ゆうちょ銀行 定額貯金 出金	取引内容
3月1日		5,000,000	5,000,000				普通預金から定期預金へ
4月25日	6,300,000						株式譲渡代金の入金
6月19日		5,000,000					配偶者の口座へ振込み
4月20日		1,000,000			1,000,000		ゆうちょ銀行の定額貯金へ

> **チェックポイント！**

- **家族名義の預金については，口座の管理・運用者を把握していますか。**
  - ⇒ 預金口座が誰に帰属するかは，口座や印鑑の管理者が問題になります。ただし，定期預金などの固定性預金は，誰が拠出したのかに重点が置かれます。
- **外資系金融機関に預金がないか確認しましたか。**
  - ⇒ 海外資産の無申告事案と，親族への海外送金の贈与税の無申告事案が最近の当局による中心課題となっています。
- **相続直前の出金は消費されていない限り，現金として申告していますか。**
  - ⇒ 死亡直前に多額の出金が行われている事例が多いですが，相続財産として申告しない場合は，使途を説明できるようにしておく必要があります。
- **妻名義の定期預金につき，印鑑と通帳を妻が管理していることをもって過去に贈与済みと判断していませんか。**
  - ⇒ 夫の財産を妻が管理していることは珍しいことではありません。妻に婚姻前後を通じて所得がないような場合，妻が管理しているという事実だけで過去の贈与が認められることはありません。
- **相続開始後の入金状況を確認しましたか。**
  - ⇒ 相続財産とすべき未収金や還付金，計上もれの預貯金が把握できる場合があるため，相続開始後の入金状況は調査対象となります。
- **別居の未成年の孫への預金の贈与について，印鑑や通帳はその親（子）が管理していませんか。**
  - ⇒ 預金の生前贈与については，贈与後の使途は関知しない覚悟がある場合にのみ贈与を実行すべきです。
- **金融機関への届出印を確認しましたか。**
  - ⇒ 実地調査では届出印の確認を求められますが，調査官は事前に預金照会で把握しており，その確認を行っているものと理解してください。

2－2　名義株式

　株式については，預金と同様に名義株が問題になります。過去の贈与だけでなく，相続人が証券会社等から購入している場合の購入資金の原

資が問題になります。

> チェックポイント！

■ 通帳の定期的な入金状況の内容を確認しましたか。
⇒ 配当金や収益分配金からその元本である株式や受益証券などの有価証券が把握できます。
■ 配当金の領収証を確認しましたか。
⇒ 領収証の筆跡や印影から実際の株式の所有者が明らかになることがあります。
■ 同族会社の株式の移動状況を把握していますか。
⇒ 法人税別表二や，配当金の受取人の状況を確認する必要がありますが，それだけで状況が把握できない場合も多く，法人が調査の対象となることもあります。また，売買が行われている場合は，その購入資金の原資も調査の対象になります。

34 土地の評価

1 評価単位

　財産評価基本通達において，土地は，地目の別に評価することとされており，それぞれの評価単位は下表のとおりとなっています。

地　目	評　価　単　位
宅地	1画地の宅地
農地（田および畑）	1枚の農地
山林	1筆の山林
原野	1筆の原野
牧場	原野に準ずる
池沼	原野に準ずる
鉱泉地	1筆の鉱泉地
雑種地	利用の単位となっている一団の雑種地（同一の目的に供されている雑種地）

　ただし，市街地周辺農地，市街地農地，生産緑地，市街地山林，市街地原野については，利用の単位となっている一団の土地ごとに評価することとされています。

> チェックポイント！

■　登記簿上の地目は，現況と相違していませんか。
　⇒　地目は，課税時期における現況によって判定します。たとえば，数年前から耕作しないで放置している農地であっても，客観的に見てその現状が耕作の目的に供されるものと認められる土地（休耕地，

34　土地の評価　　157

不耕作地）に該当すれば農地と判定します。

　　しかし，長期間放置されていたため，雑草等が生育し，容易に農地に復元し得ないような状況にある場合には登記地目が農地でも原野または雑種地と判定することになります。また，砂利を入れて青空駐車場として利用している登記地目が農地となっている土地については，駐車場の用に供している土地であるため，雑種地と判定することになります。

■　登記簿上の地積は，現況と相違していませんか。

⇒　地積は，課税時期における実際の面積によります。登記上の地積によることが他の土地との評価の均衡を著しく失すると認められる場合には，実測を行うこととなります。

2　宅地の評価単位の具体例

　「1画地の宅地」の判定は，原則として，宅地の所有者による自由な使用収益を制約する他者の権利の存在の有無により区分し，他者の権利が存在する場合には，その権利の種類および権利者の異なるごとに区分します。

＜所有する宅地を自ら使用している場合＞

　所有する宅地を複数の自用建物の敷地の用に供している場合には，居住の用か事業の用かにかかわらず，その全体を1画地の宅地として評価します。

＜使用貸借の場合＞

　所有する宅地の一部を自ら使用し，他の部分を使用貸借により貸し付けている場合には，その全体を1画地の宅地として評価します。また，自己の所有する宅地に隣接する宅地を使用貸借により借り受け，自己の所有する宅地と一体として利用している場合であっても，所有する土地のみを1画地の宅地として評価します。

　なお，使用貸借により貸し付けている宅地の価額は自用地価額で評価することとなります。

＜2以上の者に貸し付けられている宅地＞

普通借地権または定期借地権等の目的となっている宅地を評価する場合において，貸付先が複数であるときには，同一人に貸し付けられている部分ごとに1画地の宅地とします。

＜貸家が数棟ある場合＞

貸家建付地を評価する場合において，貸家が数棟あるときには，原則として，各棟の敷地ごとに1画地の宅地とします。

＜借地権＞

2以上の者から隣接している土地を借りて，これを一体として利用している場合には，その借主の普通借地権または定期借地権等の評価にあたっては，その全体を1画地として評価します。

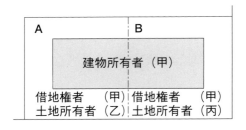

上の図では，借地権の価額は，借地権の目的となっているA土地およびB土地をあわせて1画地の宅地として評価します。

なお，乙および丙の貸宅地を評価する場合には，それぞれの所有する土地ごとに1画地の宅地として評価します。

＜共同ビルの敷地＞

その全体を1画地の宅地として評価した価額に，各土地の価額の比を乗じた金額により評価します。

$$価額の比 = \frac{各土地ごとに財産評価基本通達により評価した価額}{各土地ごとに財産評価基本通達により評価した価額の合計額}$$

ただし，1画地の宅地として評価した自用地1m²当たりの価額に，各土地の地積を乗じて算出しても差し支えないとされています。

＜不合理分割＞

土地の評価単位は，原則として，取得者が取得した宅地ごとに判定しますが，贈与，遺産分割等による宅地の分割が親族間等で行われた場合において，たとえば，分割後の画地が宅地として通常の用途に供することができないなど，その分割が著しく不合理であると認められるときは，その分割前の画地を「1画地の宅地」とするとされています。この規定は，すべての地目について準用されます。

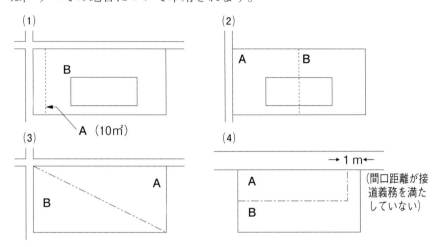

(1)については現実の利用状況を無視した分割であり，(2)は無道路地を，(3)は不整形地を，(4)は接道義務を満たさないような間口が狭小な土地を創出する分割であり，分割時のみならず将来においても有効な土地利用が図られず通常の用途に供することができない，著しく不合理な分割と認められるため，全体を1画地の宅地としてその価額を評価したうえで，個々の宅地を評価することとするのが相当です。

具体的には，原則としてA，B宅地全体を1画地の宅地として評価した価額に，各土地の価額の比を乗じた価額により評価します。

3　評価の方式

　宅地の評価は，原則として，市街地的形態を形成する地域にある宅地は路線価方式により，それ以外の宅地は倍率方式によって行うこととされています。

（1）路線価方式

　路線価方式とは，その宅地の面する路線に付された路線価を基とし，財産評価基本通達に定められた各種補正を行い計算した金額によって評価する方式をいいます。

　路線価とは，売買実例価額，公示価格，鑑定評価額，精通者意見価格等を基として国税局長がその路線ごとに評定した1m²当たりの価額のことです。国税庁ホームページ等にて公開されている路線価図に記載されています。

（2）倍率方式

　倍率方式とは，固定資産税評価額に，国税局長が一定の地域ごとにその地域の実情に即するように定める倍率を乗じて計算した金額によって評価する方式をいいます。その倍率は，国税庁ホームページ等にて公開されている評価倍率表に記載されています。

　それぞれの地目ごとの主な評価方式は次のとおりとなっています。

地　目		評　価　方　式
宅地	路線価地域 倍率地域	路線価方式 倍率方式
農地	純農地 中間農地 市街地周辺農地 市街地農地	倍率方式 倍率方式 市街地農地であるとした場合の価額×80/100 宅地比準方式または倍率方式

山林	純山林	倍率方式
	中間山林	倍率方式
	市街地山林	宅地比準方式または倍率方式
原野	純原野	倍率方式
	中間原野	倍率方式
	市街地原野	宅地比準方式または倍率方式
牧場	原野の評価を準用して評価	
池沼	原野の評価を準用して評価	
鉱泉地		倍率方式
雑種地	原則	宅地比準方式
	倍率地域	倍率方式

（注）宅地比準方式とは，その雑種地と状況が類似する付近の土地について財産評価基本通達の定めにより評価した1m²当たりの価額を基とし，その土地とその雑種地との位置，形状等の条件の差を考慮して評定した価額に，その雑種地の地積を乗じて計算する方法のことです。

チェックポイント！

■ 間口距離の求め方は適正ですか。
⇒ 間口距離は，原則として道路と接する部分の距離によります。

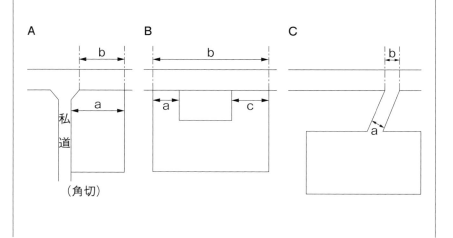

前図の場合，Aの場合はa，Bの場合はa＋cによります。Cの場合はbによりますが，aによっても差し支えありません。また，Aの場合で私道部分を評価する際には，角切で広がった部分は間口距離に含めません。

■ 奥行距離の求め方は適正ですか。
　⇒　奥行距離が一様でないものは平均的な奥行距離によります。
　　　① 想定整形地の奥行距離
　　　② 地積÷間口
　　　奥行距離＝①と②のいずれか短い距離

■ 固定資産税の課税地積と，実際の面積が相違していませんか。
　⇒　実際の面積と異なる場合には，土地の実際の面積に対応する固定資産税評価額を仮に求めて評価する必要がありますが，特に支障のない限り次の算式で計算して差し支えないこととされています。

$$\text{その土地の} \atop \text{固定資産税評価額} \quad \times \quad \frac{\text{実際の面積}}{\text{固定資産課税台帳に登録されている地積}}$$

■ 課税時期において，造成中ではありませんでしたか。
　⇒　造成中の宅地の価額は，その土地の造成工事着手直前の地目により評価した課税時期における価額に，その宅地の造成に係る費用現価（課税時期までに投下した費用の額を課税時期の価額に引き直した額の合計額）の100分の80に相当する金額を加算した金額によって評価します。

■ 市街地山林について，宅地転用が見込まれるかの確認をしましたか。
　⇒　山林が急傾斜地等であるために宅地造成ができないと認められる場合には，近隣の純山林の価額に比準して評価することとされています。

■ 埋蔵文化財包蔵地に該当しませんか。
　⇒　該当する場合，発掘調査にかかる費用の80％相当額を控除して評価します。市町村の教育委員会が作成する遺跡地図等により，その区域を確認することができます。

■ 周辺状況からみて，利用価値が著しく低下していませんか。
　⇒　次のように，その利用価値が付近にある他の宅地の利用状況からみて，著しく低下していると認められるものの価額は，その宅地について利用価値が低下していないものとして評価した場合の価額から，利用価値が低下していると認められる部分の面積に対応する価額に10％を乗じて計算した金額を控除した価額によって評価することができます。

1　道路より高い位置にある宅地または低い位置にある宅地で，そ
　　　の付近にある宅地に比べて著しく高低差のあるもの
　　2　地盤に甚だしい凹凸のある宅地
　　3　震動の甚だしい宅地
　　4　1から3までの宅地以外の宅地で，騒音，日照阻害（建築基準
　　　法56条の2に定める日影時間を超える時間の日照阻害のあるも
　　　の），臭気，忌み等により，その取引金額に影響を受けると認め
　　　られるもの
　　　　ただし，路線価または倍率が，利用価値の著しく低下している状
　　況を考慮して付されている場合にはしんしゃくしません。
■　建築制限の有無を確認しましたか。
　⇒　たとえば，高圧線下の土地や，市町村の条例等により家屋の建築
　　が認められない（制限がされている）地域に所在する土地について
　　は，区分地上権に準ずる地役権の評価を適用して評価をします。
■　私道の評価は適正ですか。
　⇒　不特定多数の者の通行の用に供されている私道は，評価しないこ
　　ととされています。具体例として，次のようなものがあります。
　　イ　公道から公道へ通り抜けできる私道
　　ロ　行き止まりの私道であるが，その私道を通行して不特定多数の
　　　者が地域等の集会所，地域センターおよび公園などの公共施設や
　　　商店街等に出入りしている場合
　　ハ　私道の一部に公共バスの転回場や停留所が設けられており，不
　　　特定多数の者が利用している場合
　　　　このようにある程度の公共性が認められるものであることが必要
　　です。道路の幅員の大小によっては区別しません。
　　　　また，宅地への通路として専用利用している路地状敷地について
　　は，私道として評価することはせず，隣接する宅地とともに1画地
　　の宅地として評価します。
■　市街化調整区域内にある雑種地の評価におけるしんしゃく割合は適
　正ですか。
　⇒　雑種地の価額は，原則として，その雑種地の現況に応じ，評価対
　　象地と状況が類似する付近の土地について評価した1㎡当たりの
　　価額を基とし，その土地と評価対象地である雑種地との位置，形状
　　等の条件の差を考慮して評定した価額に，その雑種地の地積を乗じ
　　て評価することとしています。
　　　　ところで，市街化調整区域内にある雑種地を評価する場合に，状
　　況が類似する土地（地目）の判定をするときには，評価対象地の周
　　囲の状況に応じて，次表により判定することになります。

また，付近の宅地の価額を基として評価する場合（宅地比準）における法的規制等（開発行為の可否，建築制限，位置等）に係るしんしゃく割合（減価率）は，市街化の影響度と雑種地の利用状況によって個別に判定することになりますが，下表のしんしゃく割合によっても差し支えありません。

	周囲（地域）の状況	比準地目	しんしゃく割合
弱 市街化の影響度 強	① 純農地，純山林，純原野	農地比準，山林比準，原野比準	
	② ①と③の地域の中間（周囲の状況により判定）	宅地比準	しんしゃく割合50％
	③ 店舗等の建築が可能な幹線道路沿いや市街化区域との境界付近		しんしゃく割合30％
		宅地価格と同等の取引実態が認められる地域（郊外型店舗が建ち並ぶ地域等）	しんしゃく割合0％

（注）都市計画法34条11号に規定する区域内については，上記の表によらず，個別に判定します。

4　貸宅地の評価

　借地権の目的となっている宅地の価額は，自用地としての価額から，その借地権の価額を控除した金額によって評価することとされています。

自用地としての価額－自用地としての価額×借地権割合

　借地権割合とは，当該価額に対する借地権の売買実例価額，精通者意見価格，地代の額等を基として評定した借地権の価額の割合がおおむね同一と認められる地域ごとに国税局長の定める割合のことで，路線価図に記載されています。

34 土地の評価　165

> **チェックポイント！**

> ■ 借地権の及ぶ範囲の判断は適正ですか。
> ⇒ 借地権の及ぶ範囲については，必ずしも建物敷地に限られるものではなく，一律に借地権の及ぶ範囲を定めることは実情に沿いません。借地権の及ぶ範囲は，借地契約の内容，たとえば，権利金や地代の算定根拠，土地利用の制限等に基づいて判定することが合理的であると考えられます。
> 　なお，建物の敷地と駐車場用地とが，不特定多数の者の通行の用に供されている道路等により物理的に分離されている場合には，それぞれの土地に存する権利を別個に判定することとなります。

5　貸家建付地の評価

　貸家の敷地の用に供されている宅地は貸家建付地として評価することとなり，その価額は，次の算式により評価します。

$$
\begin{array}{l}
貸家建付地 \\
の価額
\end{array}
=
\begin{array}{l}
自用地として \\
の価額
\end{array}
-
\begin{array}{l}
自用地として \\
の価額
\end{array}
\times
\begin{array}{l}
借地権 \\
割合
\end{array}
\times
\begin{array}{l}
借家権 \\
割合
\end{array}
\times
\begin{array}{l}
賃貸 \\
割合
\end{array}
$$

　「賃貸割合」は，その貸家が構造上区分された数個の部分（各独立部分）からなっている場合において，次の算式により算定します。

$$
賃貸割合 = \frac{(A)のうち課税時期において賃貸されている各独立部分の床面積の合計(B)}{その貸家の各独立部分の床面積の合計(A)}
$$

　この割合の算定にあたって，継続的に賃貸されてきたもので，課税時期において，一時的に賃貸されていなかったと認められる各独立部分がある場合には，その各独立部分の床面積を，賃貸されている各独立部分の床面積(B)に加えて賃貸割合を計算して差し支えありません。

> **チェックポイント！**

■ 貸家が空き家となっていないかの確認をしましたか。

　⇒　貸家建付地の評価をする宅地は，借家権の目的となっている家屋の敷地の用に供されているものに限られます。したがって，以前は貸家であっても空き家となっている家屋の敷地の用に供されている宅地は，自用地価額で評価します。また，その家屋がもっぱら賃貸用として新築されたものであっても，課税時期において現実に貸し付けられていない家屋の敷地については，自用地としての価額で評価します。

■ 賃貸割合は適正ですか。

　⇒　課税時期において現実に貸し付けられていない場合であっても，継続的に賃貸されていた各独立部分からなる家屋（アパート等）で，課税時期において，一時的に賃貸されていなかったと認められる部分がある場合には，その部分を含めて全体を貸家建付地として評価します。課税時期において，一時的に賃貸されていなかったと認められる部分に該当するかどうかは，各独立部分が課税時期前に継続的に賃貸されてきたものかどうか，賃借人の退去後速やかに新たな賃借人の募集が行われたかどうか，空室の期間，他の用途に供されていないかどうか，空室の期間が課税時期の前後のたとえば1ヵ月程度であるなど一時的な期間であったかどうか，課税時期後の賃貸が一時的なものではないかどうかなどの事実関係から総合的に判断します。

■ 相続人が被相続人から賃借をしていた土地家屋を取得した場合，土地と家屋の適正な評価方法を理解していますか。

　⇒　相続人が賃借をしていた土地家屋を取得した場合は，その相続人が有していたその家屋の借家権は，混同により消滅しますが（民法520），この借家権は相続人の固有の財産であって，被相続人からの承継財産ではありませんから，家屋の評価上は借家権の価額を控除し，土地の評価上も貸家建付地の評価によることができます。

　　　ただし，小規模宅地等の特例の適用はありませんので，注意が必要です。

34　土地の評価　167

6　賃借権の評価

　雑種地の賃借権の価額は，原則として，その賃貸借契約の内容，利用
の状況等を勘案して評価しますが，次のように評価することができます。

(1)　地上権に準ずる権利として評価することが相当と認められる賃借
　権

　　雑種地の自用地価額×法定地上権割合と借地権割合とのいずれか
　低い割合

(2)　(1)以外の賃借権

　　雑種地の自用地価額×法定地上権割合×1／2

　(注)「地上権に準ずる権利として評価することが相当と認められる賃借
　　　権」には，たとえば，賃借権の登記がされているもの，設定の対価と
　　　して権利金その他の一時金の授受のあるもの，堅固な構築物の所有を
　　　目的とするものなどが該当します。

　法定地上権割合とは，その賃借権が地上権であるとした場合に適用さ
れる相続税法23条に定められた割合をいいます（評基通87）。

チェックポイント！

■　賃貸借期間が1年以下の賃借権の価額について，適正に判断してい
　ますか。
　⇒　臨時的な使用に係る賃借権および賃貸借期間が1年以下の賃借権
　　については，その経済的価値が極めて小さいものと考えられること
　　から，このような賃借権の価額は評価しません。
　　　ただし，その契約上の残存期間が，その賃借権の目的となってい
　　る雑種地の上に存する構築物等の残存耐用年数，過去の契約更新の
　　状況等からみて契約が更新されることが明らかであると認められる
　　場合には，その契約上の残存期間に更新によって延長されると見込
　　まれる期間を加算した期間をもってその賃借権の残存期間とします。

35 小規模宅地特例の基本

1 あらまし

被相続人が残した「事業」と「居住」はその後の親族の生活基盤となることから、これらを承継した親族を税制面から保護するのが小規模宅地特例です（措法69の4）。

2 解説とチェックポイント

2−1 小規模宅地特例とは

相続開始直前に被相続人または被相続人と生計を一にしていた親族の事業の用または居住の用に供されていた宅地等については、相続（遺贈）によりその宅地等を取得した親族は、80％または50％の減額が認められます。限度面積の範囲内で選択した宅地等を小規模宅地等といいます。宅地等とは、土地および土地の上に存する権利をいい、宅地だけでなく駐車場施設など構築物の敷地となっている雑種地も含まれます。

> **チェックポイント！**
>
> ■ 適用対象は相続人に限ると理解していませんか。
> ⇒ 小規模宅地特例は、相続人に限らず被相続人の親族が対象となる制度です。

2−2 特定事業用宅地等 （措法69の4③一）

被相続人が事業を営んでいた場合に、相続により、その事業用の宅地

等を親族が取得し，事業を申告期限までに承継した場合に，400m²を限度に80％減額が認められます。また，被相続人の生計一親族が従来から被相続人の宅地等で事業を営んでいた場合にもその宅地等について同様の減額が可能です。ただし，相続開始前3年以内に事業の用に供された宅地等については，本特例の適用は受けられません。例外として，当該宅地等の上で事業の用に供されている減価償却資産の価額が，当該宅地等の相続時の価額の15％以上である場合は適用が受けられます。なお，事業が貸付事業である場合は2—5に区分されます。

チェックポイント！

■　申告期限までに被相続人の事業を承継していますか。
　⇒　申告期限までに事業を承継することが要件です。
■　生計一親族の事業用宅地等である場合は，被相続人から無償で土地または建物を借りていますか。
　⇒　賃借が有償であると被相続人の貸付事業用になってしまいます。

2—3　特定居住用宅地等 （措法69の4③二）

　特定居住用宅地等は次の4つの区分があります。

　①被相続人等の居住用の宅地等を配偶者が相続した場合，②被相続人の居住用の宅地等を同居親族が相続した場合，③被相続人の生計一親族が居住していた被相続人の宅地等を相続した場合，④持ち家のない親族が，被相続人の居住用宅地等を相続した場合で，かつ被相続人に配偶者，同居相続人がいない場合，の4区分です。

　特定居住用宅地等は330m²を限度に80％の減額が認められます。

> **チェックポイント！**
>
> ■ いわゆる「家なき子」特例（上記④）については適用要件が厳しくなっていることを理解していますか。
> ⇒ 従来の要件に加えて，①取得者が居住している家屋を相続開始前のいずれかの時においても所有していたことがないことと，②相続開始前3年間は取得者と配偶者はもちろんのこと，三親等内の親族または一定の特別関係法人が所有する家屋に居住したことがないこと，が必要となります。

2—4　特定同族会社事業用宅地等 （措法69の4③三）

　被相続人とその親族が50％超を支配する同族会社が利用する敷地についても400m²について80％減額の対象になります。役員である親族が敷地を取得した場合が該当します。個人事業の場合，2—2の適用がありますが，法人形態の事業についても宅地の減額が認められることになります。

> **チェックポイント！**
>
> ■ 敷地は事業用の宅地等としての要件を満たしていますか。
> ⇒ 被相続人，あるいはその生計一親族の事業用宅地であることが前提ですので，有償で宅地等または建物を賃貸していることが必要です。

2—5　貸付事業用宅地等 （措法69の4③四）

　宅地等が貸付事業用である場合には，200m²を限度に50％の減額が認められます。貸付事業は，事業的規模でない小規模な準事業も相当の対価を収受している限りは該当します。なお，相続開始前3年以内に新たに貸付事業の用に供された宅地等は本特例の適用は受けられません。

35 小規模宅地特例の基本 　171

> チェックポイント！

- 親族に固定資産税程度の賃料で貸し付けている宅地等に貸付事業用宅地等の減額をしていませんか。
  - ⇒ 固定資産税程度の対価は，相当の対価とはいえないことから使用貸借と扱われるので減額はありません。
- 相続開始前３年以内に新たに貸付事業用宅地等を取得した場合でも，小規模宅地特例を適用できる場合があることを理解していますか。
  - ⇒ ①相続開始前３年超継続的に事業的規模で貸付事業を営んでいた場合，②３年以内に相次相続が発生した場合（特定事業用宅地等も同様）には例外的に小規模宅地特例が適用できます。

２－６　保有継続要件および分割要件

　小規模宅地特例は，遺産分割が要件です。取得後の親族の保有継続要件，事業や居住の継続要件が求められており，遺産取得者課税としての趣旨から分割が要件となっています。ただし，制度によってはこれらの要件がないものもあることを理解しておく必要があります（「36　小規模宅地特例の事例検討」参照）。

> チェックポイント！

- 必要な書類を添付していますか。
  - ⇒ 遺言書や遺産分割協議書の写し，印鑑証明書は各制度の共通した添付書類ですが，制度によって添付する書類が異なるので注意してください。
- 未分割の場合は，「申告期限後３年以内の分割見込書」を添付していますか。
  - ⇒ ３年以内に分割できた場合は，小規模宅地特例を受けることができます。また，３年以内に遺産分割の訴訟が提起されたこと等によって分割できない場合は，税務署長に承認申請をし，その後，分割が確定した日から４ヵ月以内に更正の請求をすることができます（措法69の４④）。

36 小規模宅地特例の事例検討

1 あらまし

　小規模宅地特例には当初申告要件があるため，要件を見落とし適用を失念すると，納税者は取り返しのつかない不利益を被ることにもなります。制度の趣旨を理解し，さまざまな事例に対応できるように重要論点を確認しておく必要があります。

2 解説とチェックポイント

2—1 2世帯住宅等と小規模宅地特例

　被相続人の自宅が2世帯住宅だった場合や，被相続人が老人ホームに入居し自宅が空き家になっている場合は，小規模宅地特例の取扱いが技術的に難解になるため注意が必要です。

チェックポイント！

■　入口が別の，いわゆる完全分離型の2世帯住宅（区分所有登記がない場合）の取扱いの違いを把握していますか。
　⇒　完全分離型の2世帯住宅については全員が同居していたものとして敷地全体に同居特例が認められます（措令40の2④）。したがって，入口が別で内部で行き来できないタイプの2世帯住宅であっても，配偶者が取得したときはもちろん，同居していた親族が取得したときは，敷地全体が減額の対象になります。したがって，図表36—1の場合は，長男が取得すれば同居特例による80％減額が認められます。
■　入口が別の，いわゆる完全分離型の2世帯住宅について，区分所有建物の登記がされていませんか。

⇒ 区分所有建物の登記が行われていると，各独立部分を別の建物として扱います。要するに分譲マンションの複数の部屋を所有している場合に部屋ごとに減額の可否が決まるのと同じです。したがって図表36―1の事例では，敷地権のうち1階対応部分のみが被相続人の居住用の宅地等に該当することになります。

図表36―1　2世帯住宅の事例

※　分離型の2世帯住宅では，次の2点の違いに注意
1　建物を区分所有登記していない場合
　……建物を各独立部分に誰が居住していたかに関係なく，全員を同居と取り扱う。
2　建物を区分所有登記している場合
　……区分所有している各独立部分を別の建物として取り扱う。したがって，1階部分については，被相続人と実際に同居している親族が同居特例を適用するか，別居の家なき子が，「家なき子特例」を適用するかのいずれかとなる。2階部分については長男が生計一親族の特例を適用できるか否かを検討することになる。

■　被相続人が有料老人ホーム入所後に死亡した場合，元の自宅が特定居住用宅地等に該当するか検討しましたか。
⇒　被相続人が相続直前に要介護，要支援の認定を受けていた場合，元の自宅は特定居住用宅地等の対象となります（措法69の4①，措令40の2②）。したがって，元の自宅に居住する親族が同居特例を受けるか，別居の家なき子が，家なき子特例を受けることが可能です。

2―2　制度の併用による面積調整

　特定事業用宅地等（「特定同族会社事業用宅地等」を含みます）と，

特定居住用宅地等を併用する場合は，それぞれの適用対象面積まで完全併用が可能です。したがって，最大で730m^2（＝400m^2＋330m^2）について，80％の減額が可能です。

貸付事業用宅地等を選択する場合には，選択できる面積の調整計算を行うことになります。具体的には図表36—2の計算による面積が200m^{2}以下であればよいことになっています（措法69の4②三）。

通常は，事業用宅地等や居住用宅地等を優先適用し，残りの枠で貸付事業宅地等に適用するほうが有利になります。

図表36—2　貸付事業用宅地等がある場合の調整計算

$$\left[\text{特定事業用宅地等の面積} \times \frac{200}{400} + \text{特定居住用宅地等の面積} \times \frac{200}{330}\right]$$
$$+ \text{貸付事業用宅地等の面積} \leqq 200\text{m}^2$$

チェックポイント！

■　貸付事業用宅地等がある場合は，有利選択の検討をしましたか。
　⇒　地方で居住し，かつ事業を営んでいるようなケースでも，仮に都心で4億円のタワーマンションを賃貸しているようなときは，貸付事業用宅地等の検討は欠かせません。

2—3　家なき子特例の活用における注意点

1次相続では，配偶者が取得することで小規模宅地特例が使えるケースがほとんどですが，2次相続では，配偶者の税額軽減が使えないこともあり，小規模宅地特例の適用の有無が相続税負担の明暗を分けることになります。核家族の時代は，同居特例が使えないことも多いため，家なき子特例（措法69の4③二ロ）の有効利用を検討する必要があります。

36 小規模宅地特例の事例検討　175

　家なき子特例の主な要件は，①取得親族およびその配偶者，三親等内の親族が所有する家屋に相続開始の３年以内に居住していないこと，かつ，相続開始時に取得者が居住する家屋を相続開始前のいずれの時においても所有していたことがないこと，②申告期限まで相続した宅地等を保有していること，③被相続人に配偶者または同居相続人がいないこと，の３つです。

> **チェックポイント！**

- ■　被相続人が１人暮らしで，子供は全員生計が別というような場合，特定居住用宅地等の特例はないと認識していませんか。
  - ⇒　家なき子特例は，生計別の親族でも適用できますので，要件を満たす宅地等がないかを検討すべきです。
- ■　親族がその取得した宅地等を申告期限までに居住の用に供していない場合，家なき子特例の適用はないと考えていませんか。
  - ⇒　家なき子特例は別居を前提とした制度なので申告期限までの居住要件はありません。
- ■　相続人でない孫に自宅を遺贈すれば家なき子特例が適用できると考えていませんか。
  - ⇒　取得者（孫）が三親等内の親族所有の家屋に居住していると家なき子特例は適用できません。したがって親と同居する孫は通常家なき子に該当しません。

37 地積規模の大きな宅地の評価

1 あらまし

　広大な土地を戸建住宅分譲用地として開発しようとした場合，建築基準法の規制により，道路，公園などの公共公益的施設用地の負担が求められ，かなりの潰れ地が生じることから，市場価値は一般の土地と比して下落します。

　そこで，財産評価基本通達では平成29年まで広大地の評価方法を制定して，このような土地の評価にあたって，潰れ地が生じることを当該宅地の価額に影響を及ぼすべき客観的な個別事情として，価値が減少していると認められる範囲で減額の補正を行っていました。

　しかし，従前の広大地の評価通達では，土地の形状などに応じた補正率が考慮されておらず，面積に比例して減額されることや広大地に該当するかどうかの判断が極めてあいまいであったこと，さらには，広大地に該当した場合の減額率が大きく不公平であるなどといった指摘がされていました。

　そこで，平成29年9月に財産評価基本通達が一部改正され，新たに「地積規模の大きな宅地の評価」（評価通達20-2）が新設されました。これにより，平成30年1月1日以後に相続，遺贈または贈与により取得する宅地で，一定の要件を満たすものは，「地積規模の大きな宅地の評価」の定めを適用して評価することになりました。なお，この改正に伴い，広大地の評価（改正前の評価通達24-4）は廃止されました。

2　解説とチェックポイント

2−1　「地積規模の大きな宅地」とは

　地積規模の大きな宅地とは，三大都市圏においては500平方メートル以上の地積の宅地，三大都市圏以外の地域においては1,000平方メートル以上の地積の宅地をいいますが，次の(1)から(4)のいずれかに該当する宅地は除外されます。

- (1)　市街化調整区域（開発行為を行うことができる一定の区域を除きます）に所在する宅地
- (2)　都市計画法の用途地域が工業用地域に指定されている地域に所在する宅地
- (3)　指定容積率が400％（東京都の特別区においては300％）以上の地域に所在する宅地
- (4)　評価通達22−2に定める大規模工場用地

2−2　「地積規模の大きな宅地の評価」の対象となる宅地

　「地積規模の大きな宅地の評価」の対象となる宅地は，路線価地域に所在するものについては，地積規模の大きな宅地のうち，普通商業・併用住宅地区および普通住宅地区に所在するものとなります。また，倍率地域に所在するものについては，地積規模の大きな宅地に該当する土地であれば対象となります。

【「地積規模の大きな宅地の評価」の適用対象の判定のためのフローチャート】

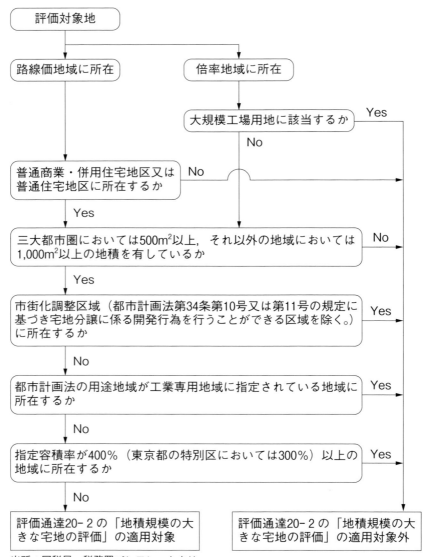

出所：国税局・税務署パンフレットより

2―3　評価方法

（1）路線価地域に所在する場合

　路線価に奥行価格補正率や不整形地補正率などの各種画地補正率のほか，規模格差補正率を乗じて求めた価額に，その宅地の地積を乗じて計算した価額によって評価します。

$$
評価額＝路線価 \times \frac{奥行価格}{補正率} \times \frac{不整形地補正率など}{の各種画地補正率} \times \frac{規模格差}{補正率} \times 地積(m^2)
$$

（2）倍率地域に所在する場合

　次に掲げる①の価額と②の価額のいずれか低い価額により評価します。

①　その宅地の固定資産税評価額に倍率を乗じて計算した価額

②　その宅地が標準的な間口距離および奥行距離を有する宅地であるとした場合の１平方メートル当たりの価額に，普通住宅地区の奥行価格補正率や不整形地補正率などの各種画地補正率のほか，規模格差補正率を乗じて求めた価額に，その宅地の地積を乗じて計算した価額

2―4　規模格差補正率

　規模格差補正率は，次の算式により計算します（小数点以下第２位未満は切り捨てます）。

$$
規模格差補正率＝\frac{Ⓐ \times Ⓑ ＋ Ⓒ}{地積規模の大きな宅地の地積　(Ⓐ)} \times 0.8
$$

　上記算式中の「Ⓑ」および「Ⓒ」は，地積規模の大きな宅地の所在する地域に応じて，それぞれ次に掲げる表のとおりです。

（1）三大都市圏に所在する宅地

地積	普通商業・併用住宅地区，普通住宅地区	
	Ⓑ	Ⓒ
500m²以上1,000m²未満	0.95	25
1,000m²以上3,000m²未満	0.90	75
3,000m²以上5,000m²未満	0.85	225
5,000m²以上	0.80	475

（2）三大都市圏以外の地域に所在する宅地

地積	普通商業・併用住宅地区，普通住宅地区	
	Ⓑ	Ⓒ
1,000m²以上3,000m²未満	0.90	100
3,000m²以上5,000m²未満	0.85	250
5,000m²以上	0.80	500

> **チェックポイント！**

- ■ 開発に際して公共公益的施設（潰れ地）が生じないことをもって，地積規模の大きな宅地に該当しないと判断していませんか。
  - ⇒ 旧広大地と異なり，潰れ地が生じるか否かは問いません。たとえば幹線道路沿いにある宅地やマンションの敷地であるなど，現に有効利用されている宅地であっても，要件を満たせば該当します。
- ■ 複数の者に共有されている宅地について，地積規模の要件を満たすかどうかを，共有者の持分に応じてあん分した後の地積により判定していませんか。
  - ⇒ 複数の者に共有されている宅地については，共有者の持分に応じてあん分する前の共有地全体の地積により地積規模を判定します。
- ■ 評価対象となる宅地が工業専用地域に跨っていることをもって，地積規模の大きな宅地に該当しないと判断していませんか。
  - ⇒ 評価対象となる土地が工業専用地域とそれ以外の用途地域にわたる場合には，その宅地の全部がその宅地の過半の属する用途地域に所在するものと判定します。
    したがって，たとえば評価対象となる宅地が工業専用地域とそれ

以外の地域にわたる場合において，その宅地の過半が工業専用地域以外の地域に属しているときには，その宅地全体が工業専用地域以外の地域に所在するものと判定されます。

■ 評価対象となる宅地が指定容積率の異なる2以上の地域にわたる場合のその宅地の容積率の算定方法を理解していますか。

⇒ 評価対象となる宅地が指定容積率の異なる2以上の地域にわたる場合には，各地域の指定容積率に，その宅地の当該地域内にある各部分の面積の敷地面積に対する割合を乗じて得たものの合計により容積率を判定します。

《例》次のような宅地（地積1,400m^2，三大都市圏以外の地域に所在）の指定容積率は，次のとおりとなります。

$$\frac{400\% \times 875m^2 + 300\% \times 525m^2}{1,400m^2} = 362.5\%$$

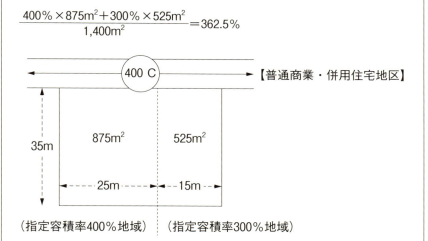

■ 「地積規模の大きな宅地の評価」に係る容積率の要件について，前面道路の幅員に基づく容積率（基準容積率）により判定していませんか。

⇒ 「地積規模の大きな宅地の評価」の適用に係る容積率は，指定容積率（建築基準法52①）により判定します。仮に，指定容積率が400％以上（東京都の特別区においては300％以上）である場合には，前面道路の幅員に基づく容積率（基準容積率（建築基準法52②））が400％未満（東京都の特別区においては300％未満）であったとしても，容積率の要件を満たしません。

■ 評価対象となる宅地の接する正面路線が普通住宅地区などの地区の

うち2以上の地区にわたる場合には，その宅地の所在する地区はどのように判定するか理解していますか。

⇒　評価対象となる宅地の接する正面路線が2以上の地区にわたる場合には，その宅地の過半の属する地区をもって，その宅地の全部が所在する地区と判定します。

■　市街地農地について，「地積規模の大きな宅地の評価」の適用を見送っていませんか。

⇒　市街地農地について，「地積規模の大きな宅地の評価」の適用要件を満たす場合には，その適用対象となります（市街地周辺農地，市街地山林および市街地原野についても同様です）。ただし，路線価地域にあっては，宅地の場合と同様に，普通商業・併用住宅地区および普通住宅地区に所在するものに限られます。

　　なお，市街地農地等であっても，①宅地へ転用するには多額の造成費を要するため，経済合理性の観点から宅地への転用が見込めない場合や，②急傾斜などのように宅地への造成が物理的に不可能であるため宅地への転用が見込めない場合については，戸建住宅用地としての分割分譲が想定されませんので，「地積規模の大きな宅地の評価」の適用対象とはなりません。

Column 8 相続時精算課税に係る土地又は建物の価額の特例の落とし穴その3
滅失した建物もゼロ評価にならない

　令和5年度税制改正において創設された「相続時精算課税に係る土地又は建物の価額の特例」については，落とし穴が多数あります。

　3つめは，滅失した建物であっても，ゼロ評価にならない点です。災害発生日における建物の想定上の価額として，耐用年数を用いて想定価額を計算する点です。

　被災価額は，被害を受けた部分の価額（原状回復費用など）から保険金，損害賠償金その他これらに類するものにより補てんされる金額を控除した金額とされ，土地にあっては贈与の時における価額，建物にあっては災害発生日における想定価額が限度とされています。

　つまり，建物が全損状態になったとしても，評価はゼロにならないことになります。この点を誤解して納税者に説明していると，実際に申告する際に大事件となります。

ポイント　災害により滅失しても評価ゼロになるわけではない。

　また，上述のように，保険金による補てん部分は，当然に控除することになります。

　このように，災害特例には落とし穴がいっぱいです。税制改正大綱段階で概要だけみていた税理士は，どこかで躓く可能性が高いと思えます。せめて，早い段階で，一度は質疑応答を読んでおくべきでしょう。

（参考）「相続時精算課税に係る土地又は建物の価額の特例に関する質疑応答
　　　　事例について（情報）」(https://www.nta.go.jp/law/joho-zeikaishaku/
　　　　sozoku/pdf/0024005-164.pdf)

（濱田康宏）

38 非上場株式の評価

1 あらまし

非上場株式の評価は，土地などの評価に比べ，技術的かつ割り切った数値基準を多用する評価手法が採用されています。市場価格が存在せず，財産評価基本通達以外によるべき基準を設けることができないためです。評価のミスを防ぐためには，評価通達に精通し，適用される評価方式の区分を正確に判定することが大切です。

2 解説とチェックポイント

2-1 評価の区分

同族株主などの支配株主が原則的評価方法で評価するのに対して，会社支配力のない少数株主については特例として配当還元方式で評価します（図表38-1，評基通178）。原則的評価方法については，会社は規模の大小がさまざまであることから，総資産価額，従業員数，取引金額によって，大会社，中会社，小会社に区分して評価します。

図表38-1 評価方式の区分

	原則的評価方式 （支配株主）	配当還元方式 （少数株主）
大会社	類似業種比準方式（純資産価額方式を選択可能）	配当還元方式
中会社	類似業種比準方式と純資産価額方式を併用（類似業種比準価額について純資産価額を選択可能）	
小会社	純資産価額方式（類似業種比準方式との併用も選択可能）	

38 非上場株式の評価　185

　さらに，少数株主に該当するか否かは，株主構成とその持株割合による会社支配力によって，図表38―2のように取得後の持株割合によって区分されます。

図表38―2　株主の区分

<table>
<tr><td colspan="4">株主の態様による区分</td><td rowspan="2">評価
方法</td></tr>
<tr><td>会社区分</td><td colspan="3">株主区分</td></tr>
<tr><td rowspan="6">同族株主
のいる会
社</td><td rowspan="5">同族株主</td><td colspan="2">株式取得後の議決権割合5％以上</td><td rowspan="5">原則的
評価方
式</td></tr>
<tr><td rowspan="4">株式取得後
の議決権割
合5％未満</td><td colspan="1">中心的な同族株主がいない
場合</td></tr>
<tr><td rowspan="3">中心的な
同族株主
がいる場
合</td><td>中心的な同族株
主</td></tr>
<tr><td>役員である株主
または役員とな
る株主</td></tr>
<tr><td>その他</td><td rowspan="2">配当還
元方式</td></tr>
<tr><td colspan="3">同族株主以外の株主</td></tr>
<tr><td rowspan="6">同族株主
のいない
会社</td><td rowspan="5">議決権割合
の合計が
15％以上の
グループに
属する株主</td><td colspan="2">株式取得後の議決権割合5％以上</td><td rowspan="4">原則的
評価方
法</td></tr>
<tr><td rowspan="4">株式取得後
の議決権割
合5％未満</td><td colspan="1">中心的な株主がいない場合</td></tr>
<tr><td rowspan="3">中心的な
株主がい
る場合</td><td>役員である株主
または役員とな
る株主</td></tr>
<tr><td>その他</td><td rowspan="3">配当還
元方式</td></tr>
<tr><td></td></tr>
<tr><td colspan="3">議決権割合の合計が15％未満のグループに属する株主</td></tr>
</table>

　持株割合30％の「同族株主」と，その中でもさらに家族的なつながりによって経営支配力のある「中心的な同族株主」を判定することがポイントになります。

> **チェックポイント！**

> ■ 議決権のない種類株式を発行していませんか。
> ⇒ 同族株主は，相続後の議決権割合で判定しますので，無議決権株式は判定に含めません。
> ■ 会社が自己株式を保有していませんか。
> ⇒ 株主の持株割合の算定上，自己株式は発行済株式数（分母）から除いて判定します（評基通188-3）。したがって，自己株式を取得する場合にはその後の同族株主の判定に及ぼす影響を検討する必要があります。
> ■ 個人間で非上場株式の売買を検討する場合，財産評価基本通達を基準に検討していますか。
> ⇒ 仮に親族以外の株主から買い取る場合でも，財産評価基本通達にしたがい，買主の買取り後の持株数で評価区分を判定します。その結果，原則的評価方式になれば，それ以下の代金による買取りだと買い受けた同族株主には贈与税課税されるリスクがあります（相法7，相基通9-2）。

2—2 類似業種比準方式

類似業種の株価に対して，評価しようとする会社と類似業種の1株当たりの配当，利益，純資産の3つの要素を比準した割合を乗じた金額を求め，大会社についてはその70％相当額，中会社については60％相当額，小会社については50％相当額によって評価する方式です。類似業種とは，評価会社と類似する業種の上場会社であり，類似業種の株価や1株当たりの配当額などは国税庁より公表されます（評基通180）。

> **チェックポイント！**

> ■ 類似業種の業種目を適正に判定していますか。
> ⇒ 業種判定を適正に行うほか，複数の事業を営む場合は取引金額の比率による判定が必要となることにも注意が必要です。
> ■ 土地や株式が資産構成の大半を占める会社や設立直後の会社などに

類似業種比準方式を適用していませんか。

⇒ 特定の評価会社については類似業種比準方式に基づく評価が認められず，純資産評価での評価が中心となります。

2－3　純資産価額方式

　評価しようとする会社の課税時期における資産と負債を財産評価基本通達により評価した純資産価額から評価差額に対する法人税相当額を控除した金額を発行済株式数で除した金額により評価する方式です。評価差額とは，時価純資産と簿価純資産との差額であり，保有する土地に含み益がある場合などに，含み益に対する法人税負担相当額を控除することになります（評基通185）。

チェックポイント！

- ■　相続開始直前に取得した不動産はありませんか。
  - ⇒　相続開始前3年以内に取得した土地や建物は通常の時価で評価する必要があり，路線価評価などは採用できません。
- ■　貸借対照表に計上されていない借地権等を計上しましたか。
  - ⇒　貸借対照表に建物が計上されているにもかかわらず，土地が計上されていない場合は検討が必要です。
- ■　代表者等の相続により法人が生命保険金を受け取っていませんか。
  - ⇒　生命保険金を相続税評価額と帳簿価額に計上する必要があります。保険積立金を資産計上しているときはこれを除外します。また，退職金を負債として計上し，退職金相殺後の保険差益に対する法人税を負債に計上します。
- ■　繰延資産や前払費用を資産として計上していませんか。
  - ⇒　財産価値がないものは資産計上しません。また，引当金は債務性がないため負債計上しません。

2―4　配当還元方式

　株主が受け取る配当金額を10%の利率で還元した金額により評価する方式です。

　ただし，配当還元価額が原則評価額を超える場合には，原則評価によって評価します（評基通188-2）。

チェックポイント！

■　配当実績がない場合は通常の配当還元方式を採用できないと理解していますか。
　⇒　配当実績がないからといって評価額をゼロにすることはできません。
　　　無配の場合を含め，1株50円当たりの配当が2円50銭未満の場合には，1株50円換算で2円50銭の配当があったものとして評価します。
■　清算中の会社について配当還元方式で評価していませんか。
　⇒　少数株主であっても清算分配見込額で評価する必要があります。同様に休業中の会社についても純資産価額で評価する必要があり配当還元方式は採用できません。
■　配当還元方式による評価額が純資産価額を上回る場合があることを確認していますか。
　⇒　債務超過会社等の場合，純資産価額方式による評価額が0円になる可能性もあります。低いほうを採用するため評価額は0円となります。

38　非上場株式の評価　　189

Column 9　マンションの評価見直し

　最判令和 4 年 4 月19日判決を受け，相続税評価額と市場売買価格（時価）の乖離を踏まえた見直しが議論され，マンション評価の通達改正が行われました。
　改正の対象となるのは令和 6 年 1 月 1 日以後に相続・遺贈又は贈与により取得した「居住用の区分所有財産」（いわゆる分譲マンション）です。 1 棟を所有する場合やオフィス用の区分所有建物， 2 世帯住宅は除かれます。評価乖離率は登記事項証明書を使えば算出できる簡便なものです。

①　改正後のマンションの評価
　　従来の評価額（路線価と固定資産税評価に基づく評価額）×評価乖離率※×0.6
　　　＝　改正後のマンションの評価額
　　　※評価乖離率＝ A ＋ B ＋ C ＋ D ＋3.220

【各指数の意味内容】
3.220……下記以外の要素を集約し3.220と固定
　A　築年数×－0.033……築年数が新しいほど評価が上がる
　B　総階数指数×0.239（小数点以下 4 位切捨て）
　　　総階数指数＝総階数÷33（1.0を超える場合は1.0）
　　　　……総階数が多いほど評価額が上がる
　C　専有部分の所在階×0.018
　　　地階の場合 C はゼロとする
　　　　……高い階を所有するほど評価が上がる
　D　敷地持分狭小度×－1.195（小数点以下 4 位切上げ）
　　　敷地持分狭小度＝マンション一室に係る敷地利用権の面積/専有面積
　　　　……高層のマンションほど持分が細分化され評価が上がる

②　評価水準に応じた具体的な評価
　具体的には評価水準（相続評価額は時価の何割か）によって評価方法は以下のように区分されます。

　　　評価水準　＝　$\dfrac{1}{評価乖離率}$　⇒　相続評価額は時価の何割か？

a　評価水準１超：評価乖離率のみを乗じる（６掛けなし）

　時価が相続評価額よりも低いことになります。低層で相当に古いマンションなどが該当しますが，たとえば乖離率が0.9であれば従来の相続評価額に乖離率をそのまま乗じて評価します。６掛けはしません。つまり従来の相続評価額よりも低い評価になります。

　b　評価水準0.6以上１以下：従来の評価額と同じ（改正の影響なし）

　相続評価額が「時価の６割〜時価の同額」のマンションです。要するに通常の住宅地などと同じ評価水準ということになりますので，時価との乖離はないものと考え，乖離率を乗じることなくこれまでと同じ評価となります。

③　評価水準0.6未満：冒頭の算式で評価

　相続評価額が時価の６割未満のマンションであり冒頭の算式で評価します。実際にはほとんどのマンションがこれに該当することになります。

（白井一馬）

Column10　マンション評価の改正は何を意味するのか

　居住用の分譲マンションの評価見直しで実務はどのように変わるでしょうか。

　高層タワーマンションだと乖離率は4倍になるものもあり，6掛けするので補正率は2.4倍ですから1億円の評価額のマンションは改正後は2億4千万円となり，節税効果はある程度は軽減しました。

　また，地方の10階建て程度のマンションでも乖離率は2倍程度になりますので，6掛けで改正前の評価額の1.2倍程度になります。

　つまり節税に利用される乖離率の高いものだけを対象にした改正ではなく，マンション評価全般の評価引上げによる増税を目的とした改正といってよいでしょう。

　今回の改正では，区分所有建物の築年数，総階数指数，専有部分の所在階，敷地持分狭小度の4つをもとに求める評価乖離率を用いた重回帰式による理論的な市場価格に基づくもので，その正しさ等を検証することはできない計算になっているのが特徴です（税のしるべ　令和6年8月26日　マンション評価通達の適用で松本税理士に特別インタビュー，「計算式はわかりやすく，仕組みも簡便」）。

　いってしまえば，日本中のマンションを対象にしたビッグデータ的な指標であり，「全国のマンションの統計を取ったら乖離率はこうなっていた」という結果のみを採用したものです。したがって算定に用いる指数は今後もマンション市場の動向次第で改正することが予定されています。

　今回の改正後も市場の売買価格より相当低く算定されるマンションはありますので，行き過ぎたタワマンスキームのような節税に対しては今後も総則6項による課税処分が行われる余地があります。

　他の財産とはずいぶん毛色が違う評価方式。さて，そうなると正しさを検証することができない評価方式が裁判に耐え得るのでしょうか。評価が税務訴訟で争われれば，「市場価格よりは低い」ということで課税処分は是認されてしまうのでしょう。そのような評価方式に筆者としては微妙な違和感を感じるところです。

（白井一馬）

39 国外財産の評価と申告

1 あらまし（国外財産の課税範囲）

次の①②に該当する無制限納税義務者は，国内の財産のみならず，国外の財産にも相続税が課されます（相法1の3）。

① 居住無制限納税義務者

相続または遺贈により財産を取得した一時居住者でない個人，また一時居住者個人で被相続人が外国人でない者で，その財産を取得した時に

被相続人 ＼ 相続人	国内に住所あり		国内に住所なし		
		一時居住者	日本国籍あり		日本国籍なし
			10年以内に国内に住所あり	10年以内に国内に住所なし	
国内に住所あり	居住無制限納税義務者（国内財産・国外財産ともに課税）	居住制限納税義務者	非居住無制限納税義務者（国内財産・国外財産ともに課税）	非居住制限納税義務者	
外国人被相続人					
国内に住所なし　10年以内に国内に住所あり					
非居住被相続人		居住制限納税義務者（国内財産のみに課税）		非居住制限納税義務者（国内財産のみに課税）	
10年以内に国内に住所なし（非居住被相続人）					

おいて日本国内に住所を有するもの。

② **非居住無制限納税義務者**（イまたはロのいずれかに該当する者）

　　イ　日本国籍を有する個人で，被相続人が相続開始前10年以内のい
　　　　ずれかにおいて日本国内に住所を有していたことがあるもの，ま
　　　　たは相続開始前10年以内に日本国内に住所を有していない者で被
　　　　相続人が外国人でない者

　　ロ　日本国籍を有していない個人で，被相続人が外国人でない者

　10年超えて日本に居住している外国籍の被相続人が日本に居住してい
るときに相続が発生すれば，国外に居住している相続人は，10年以内に
国内に住所があれば世界中の財産に関して，日本の相続税の納税義務を
有します。

　外資系企業の日本支社長の子供が相続人のようなケースをイメージす
れば，わかりやすいでしょう。

2　解説とチェックポイント

2－1　国外財産調書の確認

　国外財産の所有状況は，まずは国外財産調書の確認から始めます。

　居住者が12月31日時点で5,000万円を超える国外財産を有する場合に
は，翌年6月30日までに所轄税務署長に，国外財産調書を提出しています。

　国外財産調書には国外財産の種類，数量，価額および所在その他必要
な事項を記載することとされています。

　また，国外に所在している財産かどうかの判定は，預入金融機関や債
券の発行地などにより判定します。

2－2　国外財産の財産評価の総論
（1）国外財産の評価方法の原則

　国外にある財産の価額についても，財産評価基本通達に準じて評価し，

評価通達によりがたい場合は，売買実例価額，精通者意見価格等を参酌して評価します。

評価通達によりがたい事例として，外国法人の取引相場のない株式の評価において，類似業種比準方式に準じた評価の不適用などが挙げられます。これは，公表されている類似業種比準価額計算上の業種別株価等は，金融商品取引所に株式を上場している内国法人を基礎としているからです。外国法人の取引相場のない株式については，純資産価額方式に準じた評価額から，評価差額に対する法人税等相当額を控除した額になります。

また，少数株主については，配当還元方式による評価が適用できる可能性もあると考えられます。

（2）財産評価基本通達によりがたい場合

評価通達によりがたい場合は，課税上弊害がない限り，次による評価方法も認められています。

① 財産の取得価額を基に，所在地域の価格動向に基づき時点修正して求めた価額

② 課税時期後にその財産を譲渡した場合に，譲渡価額を基に時点修正をした価額

ただし，財産を低額で譲り受けた場合など取得価額等が取得等の時の適正な時価と認められない場合や，時点修正をするために適用する合理的な価額変動率が存しない場合は，取得価額や譲渡価額を基礎として評価することはできません。

（3）邦貨換算方法

国外通貨で表示されている時価は，相続人の取引金融機関が公表する課税時期における最終の対顧客直物電信買相場，またはそれに準ずる相場によります。

準ずる相場には，外国為替業務を行う銀行だけでなく，証券会社やゆうちょ銀行などが公表する相場も採用することになります。

2―3　国外財産の評価の各論
（1）土地の評価
　土地については，原則として，売買実例価額，地価の公示制度に基づく価格および鑑定評価額等を参酌して評価します。

　地価公示に類する制度として次のようなものがあります。

ドイツ	各市町の鑑定委員会が調査する標準地価
韓国	「不動産価格公示及び鑑定評価に関する法律」に定める標準地公示価格
中国	地価公示制度に基づく基準地価
台湾	直轄市および県政府地価評議委員会が実施する地公告現値

（2）上場有価証券
　財産評価基本通達に定める上場株式の評価方法に準じて，課税時期における最終価格と，課税時期の属する月以前3ヵ月の最終価格の月平均額のうち最も低い価額によって評価します。

（3）取引相場のない株式
　外国株式は，類似業種比準方式に準じて評価することはできませんので，純資産価額方式に準じて評価することが一般的であり，評価差額に対する法人税額相当額は，その国における法人税率に相当する割合を乗じて計算することができます。

> **チェックポイント！**
>
> ■　邦貨換算レートを，電信仲値相場（TTM）を採用していませんか。
> 　⇒　為替相場は，いわゆる対顧客直物電信買相場（TTB）によって評価します。
> ■　邦貨換算レートを，被相続人の残高証明書等をそのまま採用していませんか。
> 　⇒　邦貨換算レートは，納税義務者の取引金融機関が公表する相場ですので，被相続人の財産報告書に記載されている為替相場を，常に採用できるとは限りません。

40 法人版事業承継税制の概要

1 法人版事業承継税制のあらまし

　事業の承継をスムーズに行うことにより，事業の経営と発展を通じた雇用の確保と地域経済の活力を維持することを税制から支援するため，法人版事業承継制度が設けられています。

　法人版事業承継制度は，経営者からの贈与もしくは経営者の死亡による相続または遺贈により後継者が株式を取得したときの贈与税または相続税について，その納税を猶予し，最終的には納税が免除される制度です。

　法人版事業承継制度は，贈与税と相続税についてそれぞれ一般措置と特例措置の2つの制度があり，基本的な枠組みは同じものの，事前の計画策定等や適用期限の有無，納税猶予の対象となる株式数の上限と納税猶予割合などの相違点があります。

	特例措置	一般措置
事前の計画策定等	特例承継計画の提出 （令和8年3月31日まで）	不要
適用期限	令和9年12月31日までの 贈与・相続等	なし
対象株数	全株式	総株式数の最大2/3まで
納税猶予割合	100％	贈与：100％　相続80％
承継パターン	複数の株主から最大3人 の後継者	複数の株主から1人の後 継者
雇用確保要件	承継後5年間平均8割の 雇用維持が必要 ただし，弾力化措置あり	承継後5年間平均8割の 雇用維持が必要

事業の継続が困難な事由が生じた場合の免除	あり	なし
相続時精算課税の適用	60歳以上の者から18歳以上の者への贈与	60歳以上の者から18歳以上の推定相続人（直系卑属）・孫への贈与

出所：国税庁「非上場株式等についての贈与税・相続税の納税猶予・免除（法人版事業承継税制）のあらまし」を参考に作成

2 法人版事業承継税制の一連の流れ

法人版事業承継税制の一連の基本的な流れについて説明します。

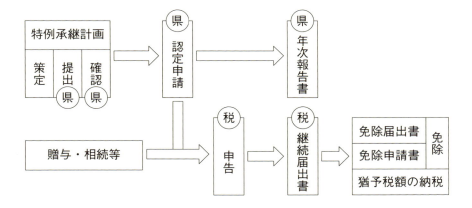

（1）特例承継計画の策定・提出・確認

事業承継税制の特例措置の適用を受けるためには、中小企業者が令和8年3月31日までに特例承継計画を策定し、それを都道府県庁に提出し、確認を受けます。特例承継計画には、後継者の氏名、事業承継の予定時期、承継時までの経営見通しや承継後5年間の事業計画等を記載し、その内容について認定経営革新等支援機関による指導および助言を受ける必要があります。

なお、贈与や相続後であっても、下記（3）の認定申請時までに作成

することも可能です。

（2）株式の移転

　中小企業者の先代経営者から後継者へ株式の贈与や相続等により移転します。

（3）認定の申請

　贈与については贈与年の10月15日から翌年1月15日まで，相続等については相続開始の日の翌日から8ヵ月以内（相続開始の日の翌日から5月経過日以後に限ります）に都道府県知事に認定の申請を行います。

（4）贈与税・相続税の申告

　（3）の認定の申請により交付された認定書の写しとともに，贈与税または相続税の申告書を法定申告期限内に提出します。

（5）継続届出書等の提出

　法定申告期限後5年間の各年につき，都道府県へ「年次報告書」を，税務署へ「継続届出書」を提出します。

　5年経過後は，3年ごとに税務署へ「継続届出書」を提出します。

（6）免除届出書等の提出と納税

　先代経営者の死亡や後継者の死亡など，免除事由が発生した場合はその事由により免除届出書または免除申請書を税務署へ提出します。納税猶予が打ち切られる期限確定事由が発生した場合は，その事由発生日から2月を経過する日までに猶予税額とそれに係る利子税を納税することになります。

　法人版事業承継税制の適用にあたっては，多くの複雑な要件があり，念入りな事前準備が必要です。

　まずは，中小企業庁の法人版事業承継のサイトで手続の詳細を確認することをお勧めします。

・中小企業庁HP〔法人版事業承継税制（特例措置）の前提となる認定〕

https://www.chusho.meti.go.jp/zaimu/shoukei/shoukei_enkatsu_zouyo_souzoku.html

3　法人版事業承継税制の対象となる中小企業者の要件

　納税猶予の対象となる株式の発行会社は，中小企業者でなければなりません。中小企業者とは，その会社の主たる事業の業種目の区分に従い，それぞれに掲げる資本金または従業員の要件を満たす会社をいいます。

主たる事業の業種目	資本金または従業員	
製造業その他	3億円以下	300人以下
製造業のうちゴム製品製造業 （自動車または航空機用タイヤおよびチューブ製造業ならびに工業用ベルト製造業を除く）	3億円以下	900人以下
卸売業	1億円以下	100人以下
小売業	5,000万円以下	50人以下
サービス業	5,000万円以下	100人以下
サービス業のうちをソフトウェア業または情報処理サービス業	3億円以下	300人以下
サービス業のうち旅館業	5,000万円以下	200人以下

※　業種の判断にあたっては，営む業種が日本標準産業分類のいずれに分類されるかを確認し，下記対応表からどの業種に該当するか確認をします。

第14回改定（令和6年4月1日施行）

中小企業基本法上の類型	日本標準産業分類上の分類
製造業その他	下記以外の全て
卸売業	大分類I（卸売業，小売業）のうち 　　中分類50（各種商品卸売業） 　　中分類51（繊維・衣服等卸売業） 　　中分類52（飲食料品卸売業） 　　中分類53（建築材料，鉱物・金属材料等卸売業） 　　中分類54（機械器具卸売業） 　　中分類55（その他の卸売業）
小売業	大分類I（卸売業，小売業）のうち 　　中分類56（各種商品小売業） 　　中分類57（織物・衣服・身の回り品小売業）

	中分類58（飲食料品小売業）
	中分類59（機械器具小売業）
	中分類60（その他の小売業）
	中分類61（無店舗小売業）
	大分類M（宿泊業，飲食サービス業）のうち
	中分類76（飲食店）
	中分類77（持ち帰り・配達飲食サービス業）
サービス業	大分類G（情報通信業）のうち
	中分類38（放送業）
	中分類39（情報サービス業）
	小分類411（映像情報制作・配給業）
	小分類412（音声情報制作業）
	小分類415（広告制作業）
	小分類416（映像・音声・文字情報制作に附帯するサービス業）
	大分類H（運輸業，郵便業）のうち
	細分類4892　レッカー・ロードサービス業
	大分類K（不動産業，物品賃貸業）のうち
	小分類693（駐車場業）
	中分類70（物品賃貸業）
	大分類L（学術研究，専門・技術サービス業）
	大分類M（宿泊業，飲食サービス業）のうち
	中分類75（宿泊業）
	大分類N（生活関連サービス業，娯楽業）
	※ただし，小分類791（旅行業）は除く
	大分類O（教育，学習支援業）
	大分類P（医療，福祉）
	大分類Q（複合サービス事業）
	大分類R（サービス業＜他に分類されないもの＞）

　中小企業者に該当しても，その会社が資産保有型会社または資産運用型会社のうち一定のものに該当する場合，法人版事業承継税制の適用が受けられません。紙幅の都合上，これらの会社の定義は割愛しますが，法人版事業承継税制適用開始時に資産保有型会社または資産運用型会社に該当していなくても，納税猶予中の期間にこれらの会社に該当すると納税猶予は打ち切られてしまいます。

40 法人版事業承継税制の概要 **201**

> **チェックポイント！**

■ 資本金1億円以下あるいは従業員数1,000人以下であれば，常に中小企業者に該当できると考えていませんか。
⇒ 小売業やサービス業の場合，資本金が1億円以下であっても，従業員数次第では中小企業者に該当しません。資本金が8,000万円の小売業の場合，従業員数が51人以上いると中小企業者に該当しないことになります。

4 法人版事業承継税制の適用に係るリスク

法人版事業承継税制はあくまでも納税猶予制度であって，制度の適用を受ける＝納税免除，とはなりません。免除される前に期限確定事由が発生してしまうと，猶予税額に加え納税猶予期間中の利子税も併せて納税しなければなりません。

すなわち，法人版事業承継税制の適用に係る最大のリスクは期限確定事由の存在です。期限確定事由をしっかりと認識したうえで適用すべきと考えます。

〔主な期限確定事由〕

事由		特例経営（贈与）承継期間	特例経営（贈与）承継期間後
後継者の要件	後継者の代表者からの退任	○	
	対象株式の譲渡等	○	△
会社の要件	会社の解散	○	○
	資産保有（運用）型会社に該当	○	○
	資本金・資本準備金の減少	○	○
	年次報告書や継続届出書の未提出等	○	○

○ 猶予税額の全額および利子税の納税をします。
△ 譲渡した納税猶予の対象とした株式に対応する猶予税額および利子税を納付します。

41 非上場株式等についての贈与税の納税猶予（特例措置）

1 制度のあらまし

　贈与税の法人版事業承継税制は一般措置と特例措置の2種類があります。特例措置は令和9年12月31日までの贈与に限り適用され，適用期限が迫っていますが，本書では納税猶予税額が多くなる特例措置について主なポイントを解説します。

2 解説とチェックポイント

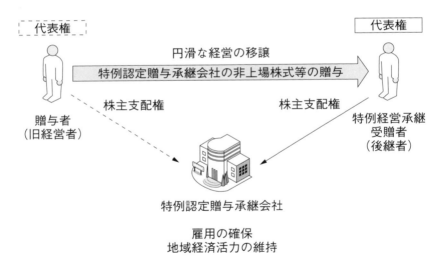

2—1 贈与税の納税猶予額

　納税猶予される贈与税の額（以下「納税猶予分の贈与税額」といいます）は，特例対象受贈非上場株式等の価額を後継者のその年分の贈与税

の課税価格とみなして計算した贈与税額をいいます（措法70の7の5②
八）。

　特例対象受贈非上場株式等とは，特例経営承継受贈者（後継者）が特
例贈与者（先代経営者）から贈与により取得した特例認定贈与承継会社
の株式等（株式または出資）をいいます。

　納税猶予分の贈与税額は，特例贈与者の死亡の日まで，その納税が猶
予されます（措法70の7の5①）。

2―2　制度適用時の主な要件

（1）贈与者が旧経営者に該当するか（措令40の8の5①）

　贈与者の主な要件は，次のとおりです。

・贈与前に代表権を有していたこと
・贈与直前に50％超の筆頭株主グループの筆頭株主であったこと
・贈与時に代表権を有していないこと

　事業の承継というためには，贈与者が会社の経営者（先代経営者）で
あったことが必要です。そこで，贈与者が贈与の時までのいずれかの時
点で会社の代表者であったことが要件とされています。

　また，会社を名実ともに支配していたこととして，株主としての支配
力も必要です。そこで，代表者であった期間内のいずれかの時および贈
与の直前において，贈与者の属する株主グループの議決権割合が50％を
超え，かつ，贈与者の議決権割合がその株主グループの中の最大（筆頭
株主）であったことが要件とされています。

　なお，先代経営者以外の者に分散している株式を後継者に集中させ，
より経営権を確固たるものとする目的から，一定の要件の下，先代経営
者以外の者からの贈与についても納税猶予の対象となります。

（2）会社が保護に値するか（措法70の7の5②一）

会社の主な要件は，次のとおりです。

- 特例円滑化法の認定を受けること
- 中小企業者であること
- 非上場会社であること
- 従業員が1人以上いること
- 資産保有型会社・資産運用型会社・風俗営業会社に該当しないこと

まず，会社が「中小企業における経営の承継の円滑化に関する法律第12条第1項」に規定する経済産業大臣または都道府県知事の認定（特例円滑化法認定）を受けることが前提になります。

贈与を受けた株式等に係る贈与税の負担を緩和することが制度趣旨ですが，上場会社であれば，株式を売却して納税資金を確保できることから，本制度の対象外とされます。

また，雇用の確保や地域経済の活力の維持の観点から，身内の資産を守るために使われることは制度趣旨から外れますので，資産保有型会社や資産運用型会社に該当する会社も対象外とされます。

（3）受贈者は経営者たる資格を有しているか（措法70の7の5②六）

- 贈与時において18歳以上であること
- 贈与時において役員期間が3年以上継続していたこと

特例経営承継受贈者が経営者として実務をこなせるかどうかは，事業の承継を行うにあたり重要事項です。そこで，受贈時に18歳以上であり，かつ，その時点において役員期間が3年以上あることを要求しています。

（4）経営権を移譲したといえるか（措法70の7の5①②六）

- 3分の2に達するまで，または，全部の株式等の贈与を受けたこと
- 筆頭株主グループの筆頭株主になったこと（後継者が1人の場合）
- 各後継者が10％以上の議決権を有し，各後継者が同族関係者のうちいずれの者が有する議決権の数も下回らないこと（後継者が2人または

3人の場合)
• 受贈時に代表者であること

　特例経営承継受贈者は，受贈前の自己の株式数を含めて，発行済株式総数等の3分の2を超える株式数になるだけの株式数の贈与を受けなければなりません。受贈前の自己の株式数と贈与者の所有株式数の合計が3分の2に達しない場合は，贈与者の全ての株式等を贈与しなければなりません。

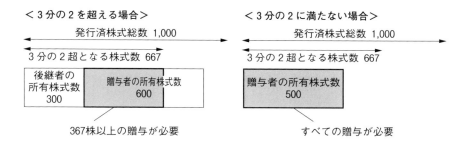

　そして，議決権ベースで，特例経営承継受贈者の株主グループが会社の筆頭株主グループとなっており，かつ，特例経営承継受贈者がその中の筆頭株主となっている必要があります。

> **チェックポイント！**
>
> ■ 贈与者は，贈与後は役員であってはいけないと思っていませんか。
> ⇒ 代表権を有しなければ，役員として残り，役員報酬を受給することとすることは可能です。

2−3　納税猶予が打ち切られる場合

（1）特例経営贈与承継期間内の期限確定事由（措法70の7の5③）

- 贈与者が代表権を取得した場合
- 特例経営承継受贈者が代表権を喪失した場合
- 特例対象受贈非上場株式等を譲渡等した場合
- 5年間の雇用者数の8割を維持していない場合
- 資本金や資本準備金を減少させた場合（欠損填補を除く）
- 毎年継続届出書を提出しない場合　など

　特例経営贈与承継期間内に期限確定事由が生ずると納税猶予が打ち切られ，納税猶予税額を納付することとなります。

　特例経営贈与承継期間とは，贈与税の申告期限の翌日から同日以後5年を経過する日（その日前に特例経営承継受贈者または特例贈与者が死亡した場合は死亡の日の前日）までの期間をいいます。この期間は，確実に事業を承継するとともに，会社を支配し，経営を行うことが求められます。

　この期間内は，事業の承継に逆行する前経営者の代表者への復帰や特例経営承継受贈者の支配権に制限が加えられることは認められず，事業規模の縮小や特例対象受贈非上場株式等の譲渡も不可です。

　また，地域雇用の確保等が制度目的の1つですから，承継後5年間の雇用者数の平均が贈与時の雇用者数の8割以上であることを満たさなければなりません。ただし，満たせなかった場合であっても，一定の手続により期限確定事由に該当しないことが可能です。

チェックポイント！

■　納税猶予が継続される適格合併と法人税の適格合併を同一のものと誤解していませんか。

　⇒　特例認定贈与承継会社が適格合併により消滅した場合は，期限確定事由から除かれています（措法70の7の5③）。ここでいう適格

合併とは，法人税法でいう適格合併と異なり，合併法人自体が資産
保有型会社・資産運用型会社・風俗営業会社に該当しないこと，特
例経営承継受贈者が合併法人の代表権を有していること，かつ，合
併法人の議決権割合が50％を超える株主グループの筆頭株主である
ことなどの要件を満たすものをいいます（措規23の12の2⑭）。

（2）特例経営贈与承継期間後の期間の期限確定事由（措法70の7 の5③）

- 特例対象受贈非上場株式等を譲渡した場合
- 資本金や資本準備金を減少させた場合（欠損塡補を除く）
- 3年ごとの継続届出書を提出しない場合　など

　特例経営贈与承継期間後の期限確定事由が生ずると納税猶予が打ち切られ，納税猶予税額を納付することとなります。

　期限確定事由は特例経営承継期間内のものより減りますが，特例経営贈与承継期間後も事業規模の縮小や特例対象受贈非上場株式等を譲渡等することは認められていません。

チェックポイント！

　■　特例認定贈与承継会社の株式等を譲渡すると，納税猶予が打ち切られると誤解していませんか。
　⇒　株式等の譲渡をしても，それが特例対象受贈非上場株式等でなければ納税猶予の期限確定事由に該当しません。例えば，納税猶予を受ける前に所有していた株式を譲渡した場合です。
　　　特例対象受贈非上場株式等と特例対象受贈非上場株式以外の株式等を有している場合において，特例認定贈与承継会社の株式等を譲渡したときは，特例対象受贈非上場株式等以外の株式等を先に譲渡したものとみなされます（措令40の8の5㊲）。

2―4　納税猶予分の贈与税額が免除される場合

> • 特例贈与者の死亡前に特例経営承継受贈者が死亡した場合
> • 特例贈与者が死亡した場合

　上記の事由が生じた場合には，納税猶予税額が免除されます。この場合，その事由が生じた日から6ヵ月以内に「非上場株式等についての贈与税の納税猶予の免除届出書（死亡免除）」を提出します（措法70の7の5⑪）。

　なお，特例贈与者が死亡した場合には，特例経営承継受贈者は特例対象受贈非上場株式等を贈与時の価額により相続したものとみなされます（2―5参照）。

　これらの事由による免除のほか，会社の経営に行き詰まり，第三者に再建を委ねるために特例対象非上場株式等を譲渡したり，組織再編成に応じ特例対象非上場株式等を手放したりした場合，または会社を特別清算や破産により解散したりした場合には，「非上場株式等についての納税猶予の贈与税の免除申請書」を提出し，承認を受けることによって，一定額の納税が免除されます（措法70の7の5⑪⑫）。

チェックポイント！

■　特例経営承継受贈者が次の後継者に特例対象受贈非上場株式等を贈与すると期限確定事由すると誤解していませんか。

⇒　経営贈与承継期間内に特例対象受贈非上場株式の譲渡は期限確定事由ですが，経営贈与承継期間後に，次の後継者が贈与税の納税猶予の適用を受けるために特例対象受贈非上場株式等を次の後継者へ贈与した場合は期限確定事由に該当せず，贈与者の納税猶予分の贈与税は免除されます。

2－5　特例贈与者が死亡した場合

特例贈与者が死亡した場合には、特例経営承継受贈者は、特例対象受贈非上場株式等を特例贈与者から相続または遺贈により取得したものとみなされます。この場合、相続税の課税価格の計算の基礎に算入される特例対象受贈非上場株式等の価額は、贈与時の価額になります（措法70の7の7）。

この特例対象受贈非上場株式等については、次項目「42　非上場株式等についての相続税の納税猶予」に準じて、相続税の納税猶予制度を適用することができます（措法70の7の8）。

チェックポイント！

■　特例贈与者が死亡した場合の相続税については、相続税の納税猶予制度が自動的に適用されると誤解していませんか。
⇒　相続税の納税猶予の適用は任意であり、納税猶予を受けるためには各種手続が必要です。

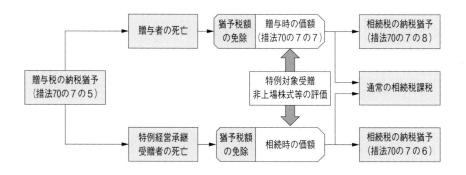

42 非上場株式等についての相続税の納税猶予（特例措置）

1 制度のあらまし

相続税の法人版事業承継税制は一般措置と特例措置の2種類があります。特例措置は令和9年12月31日までの相続に限り適用され，適用期限が迫っていますが，本書では納税猶予税額が多くなる特例措置について主なポイントを解説します。

2 解説とチェックポイント

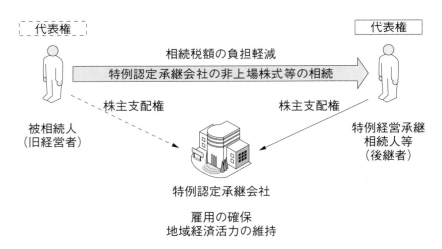

2—1 相続税の納税猶予税額

納税猶予される相続税の額（以下「納税猶予分の相続税額」といいます）は，特定価額を特例経営承継相続人等（後継者）の相続税の課税価格とみなして計算した，特例経営承継相続人等に係る相続税額をいいま

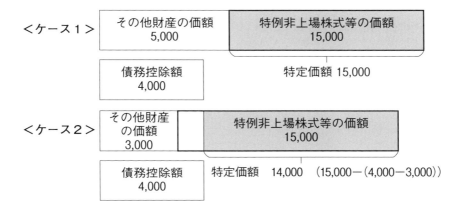

す（措法70の7の6②八，措令40の8の6⑯）。

（注）特定価額とは，特例対象非上場株式等の価額をいい，特例経営承継相続人等について控除される債務控除額が特例対象非上場株式等以外の取得財産の価額から控除しきれない場合には，その控除しきれない金額を特例非上場株式等の価額から控除した残額をいいます。

納税猶予分の相続税額は，特例経営承継相続人等の死亡の日まで，その納税が猶予されます（措法70の7の6①）。

> チェックポイント！
>
> ■ 納税猶予になるのだから，自社株評価額の引下げには意味がないと考えていませんか。
> ⇒ 期限確定事由発生時の納税額に影響することはもちろん，相続税の総額が上昇することを抑制することは，後継者のみならず，他の相続人のためにも重要な視点です。

2-2 制度適用時の主な要件
（1）被相続人が旧経営者に該当するか（措令40の8の6①）

被相続人（先代経営者）の主な要件は，次の2つです。

- 相続開始前に代表権を有していたこと
- 相続開始直前に50％超の筆頭株主グループの筆頭株主であったこと

　事業の承継というためには，被相続人が会社の経営者であったことが必要です。そこで，死亡の日までのいずれかの時点で会社の代表者であったことが要件とされています。

　また，会社を名実ともに支配していたこととして，株主としての支配力も必要です。そこで，代表権を有していた期間のいずれかの時および相続開始の直前において，被相続人の属する株主グループの議決権割合が50％を超え，かつ，被相続人の議決権割合が後継者（特例経営承継相続人等）を除き最大（筆頭株主）であったことが要件とされています。

　なお，先代経営者以外の者に分散している株式を後継者に集中させ，より経営権を確固たるものとする目的から，一定の要件の下，先代経営者以外の者からの相続についても納税猶予の対象となります。

チェックポイント！

■　被相続人が代表者を降りて，中継ぎで他人を代表者にしていた場合，相続人に直接代表権が移転しないから使えないと考えていませんか。
　⇒　要求されているのは過去の一時点で代表権を有していたことで，相続開始直後に代表権を有することは求められていません。
■　本制度利用前に，後継者に生前贈与で自社株を渡していたために，すでに後継者が筆頭株主となっている場合には使えないと考えていませんか。
　⇒　議決権割合50％超株主グループに属し，かつ，後継者を除いて筆頭株主であればよいため，要件を満たしています。

（2）会社が保護に値するか（措法70の7の6②）

　会社の主な要件は，次のとおりです。

⑫ 非上場株式等についての相続税の納税猶予（特例措置）　213

> - 特例円滑化法の認定を受けること
> - 中小企業者であること
> - 非上場会社であること
> - 従業員が1人以上いること
> - 資産保有型会社・資産運用型会社・風俗営業会社に該当しないこと

　まず，会社が「中小企業における経営の承継の円滑化に関する法律第12条第1項」に規定する経済産業大臣または都道府県知事の認定（特例円滑化法認定）を受けることが前提になります。

　相続等により取得した会社の株式等を換金して納税資金に使えないことに対処することも制度趣旨の1つです。上場会社であれば，株式を売却して納税資金を確保できることから，本制度の対象外とされます。

　また，雇用の確保や地域経済の活力の維持という観点から，身内だけの資産を守るために使われることは制度趣旨から外れますので，資産保有型会社や資産運用型会社に該当する会社も対象外とされます。

（3）特例経営承継相続人等は経営者たる資格を有しているか（措法70の7の6②七）

> - 相続時において役員であったこと

　特例経営承継相続人等が経営者として実務をこなせるかどうかは，事業の承継を行うにあたり重要事項です。そこで，特例経営承継相続人等の要件として，相続時において特例認定承継会社の役員であることを要求しています。

　ただし，被相続人が70歳未満で死亡した場合または相続発生前に確認を受けた特例承継計画に特例後継者として記載されている場合は，この要件は適用されません。

> **チェックポイント！**
>
> ■ 後継者は被相続人の親族でないと適用がないと誤解していませんか。
>   ⇒ 親族でない者も納税猶予制度の適用を受けることができます（親族外承継も可能）。

（4）経営権を取得したといえるか（措法70の7の6②）

- 相続開始後5月以内に代表権を取得していること
- 50％を超える株主グループの筆頭株主になったこと（後継者が1人の場合）
- 各後継者が10％以上の議決権を有し，各後継者が同族関係者のうちいずれの者が有する議決権の数も下回らないこと（後継者が2人または3人である場合）

　特例経営承継相続人等は，相続開始後5月以内に代表者に就任しなければなりません。

　また，議決権ベースで50％を超える株主グループに属し，かつ，その中の筆頭株主となっている必要があります。

2－3　納税猶予が打ち切られる場合

（1）特例経営承継期間内の期限確定事由（措法70の7の6③）

- 特例経営承継相続人等が代表権を喪失した場合
- 特例対象非上場株式等を譲渡等した場合
- 5年間の雇用者数の8割を維持していない場合
- 資本金や資本準備金を減少させた場合
- 毎年継続届出書を提出しない場合　など

　特例経営承継期間内に期限確定事由が生ずると納税猶予が打ち切られ，納税猶予税額を納付することとなります。

　特例経営承継期間とは，相続税の申告期限の翌日から同日以後5年を

経過する日（その日前に特例経営承継相続人等が死亡した場合は，死亡の日の前日）までの期間をいいます。この期間は，確実に事業を承継するとともに，会社を支配し，経営を行うことが求められる期間です。

したがって，特例経営承継相続人等の支配権に制限が加えられることや事業規模の縮小や特例対象非上場株式等の譲渡は認められません。

また，地域雇用の確保等が制度目的の1つですから，承継後5年間の雇用者数の平均が贈与時の雇用者数の8割以上であることを満たさなければなりません。ただし，満たせなかった場合であっても，一定の手続により期限確定事由に該当しないことになります。

（2）特例経営承継期間後の期間の期限確定事由

- 特例対象非上場株式等を譲渡した場合
- 資本金や資本準備金を減少させた場合（欠損塡補を除く）
- 3年ごとの継続届出書を提出しない場合　など

特例経営承継期間後の期限確定事由が生ずると納税猶予が打ち切られ，納税猶予税額を納付することとなります。

特例経営承継期間後であっても事業規模の縮小や特例対象非上場株式等を譲渡等することは，従前の事業の継続や支配の継続をしているとはいえません。

2−4　納税猶予分の相続税額が免除される場合
（1）免除の届出をするもの（措法70の7の6⑫）

- 特例経営承継相続人が死亡した場合
- 次の事業承継者に特例対象非上場株式等を贈与し，その者が贈与税の納税猶予の適用を受ける場合

上記の事由が生じた場合には，その事由が生じた日から6ヵ月以内に「非上場株式等についての相続税の納税猶予の免除届出書（死亡免除）」

を提出します。

（2）免除の申請をするもの（措法70の7の6 ⑫）

- 会社経営に行き詰まり，経営を第三者に譲渡した場合
- 会社経営に行き詰まり，組織再編成により他の会社に経営を譲渡した場合
- 破産手続開始の決定があった場合

　特例対象非上場株式等を譲渡した場合には，その譲渡した部分に係る猶予中の相続税額は納税猶予が打ち切られますが，会社が倒産し，第三者に再建を委ねるために特例対象非上場株式等を譲渡し，または組織再編成に応じ特例対象非上場株式等を手放したり，もしくは会社を破産や特別清算によって解散させたりする場合には，「非上場株式等についての納税猶予の相続税の免除申請書」を提出し，承認を受けることによって，その納税が免除されます。

　なお，特例非上場株式等の時価と5年内に受けた剰余金の配当や特例経営承継受贈者およびその生計一親族に係る損金に算入されない賞与の額相当額は免除額から除かれます。

Column11 貸付金債権の評価は額面で

　被相続人から相続した同族会社に対する貸付金については額面評価するのが実務です。同族会社が仮に債務超過であっても減額を認める判例や裁決はほとんど見当たりません。

　回収可能性を見積もっての貸付金の評価が技術的に難しいことや，課税庁とすれば相続財産を減らす目的で回収する予定なく同族会社に貸し付ける節税を許さないという立場もあると思います。評価通達では「回収が不可能又は著しく困難であると見込まれるとき」には元本を減額できるのですがこれが認められることは稀です。

　一つ事例として東京地裁3月26日では，約5億円の貸付金を約2億6千万円と評価した納税者の処理は否定され，額面での評価と判断されています。同族会社は債務超過だったのですが，借入金の93.6%は同族関係者からのものであり，役員報酬が支払われていました。

　そこで，会社が債務超過であるようなときは，相続税の申告期限までに会社を清算すれば，貸付金についてはゼロ評価もしくは回収額での評価を認める。このような実務の運用があります。

　しかし，それが否認された事例もあります（令和5年8月31日東京地裁）。同族会社への貸付金6,036万円を亡兄から遺贈で取得した弟は，この貸付金を1,405万円と評価して相続税を申告しました。債務超過だった会社は相続税の申告期限までに清算結了しており，貸付不動産を売却。弟は1,405万円を回収したので，同額をもって貸付金の評価としたわけです。しかし税務署は額面評価すべきと更正処分し，東京地裁もこれを支持しました。同族会社には不動産の賃貸収入がありました。これが経済的に破たんしているとは認められなかった大きな要因です。会社解散スキームがどこまで認められるかの射程を検討するうえで興味深い事例です。

　そして慎むべきがバックデートによる処理です。被相続人が会社への貸付債権を債権放棄したとする虚偽の債権放棄書を相続開始後に作成し，貸付債権を相続財産から除外することにより，相続税の課税価格を圧縮した真正の事実に反する申告書を作成したとして，税理士が懲戒処分されています。こうした懲戒処分事例は国税庁HPにて公表されているので，必ず確認し他山の石とすべきです。

（白井一馬）

43 医療法人の注意事項

1　あらまし

　医療法人のうち，平成19年3月以前に設立認可申請をなされた法人は，経過措置型医療法人といわれる，持分のある医療法人です。

　定款において，社員を退社した者に対して，持分の払戻請求権を認め，かつ，解散時の残余財産の帰属を出資者としているのが，持分のある医療法人です。

【持分のある医療法人の定款例】
第●条　社員資格を喪失した者は，その出資額に応じて払戻しを請求することができる。
第●条　本社団が解散した場合の残余財産は，払込済出資額に応じて分配するものとする。

　持分を有する者に，相続が発生した場合には，その相続人は医療法人の社員に就任し速やかに持分を相続する方法と，死亡を原因として社員が退社したことにより，被相続人の権利として持分の払戻請求を行う方法があります。

　前者は取引相場のない株式に準じて評価した額を相続財産に計上し，後者は払戻請求額を相続財産に計上するとともに，払戻しを受けたみなし配当に対する準確定申告に係る所得税額を債務控除します。

2　解説とチェックポイント

2−1　持分のない医療法人の特徴

　医療法人のうち，平成19年4月以降に設立認可申請をなされた法人は，

持分のない医療法人です。

　そのほか，社会医療法人（医療法42の２），特定の医療法人（措法67の２），財団医療法人，持分のある医療法人から持分のない医療法人に定款変更した法人も持分のない医療法人に該当します。

　持分のない医療法人には，財産の分配を受けるべき持分がありませんので，持分に対して相続税は課税され得ません。

　定款において，社員を退社した者に対する持分の払戻請求権がなく，かつ，解散時の残余財産の帰属を国や地方公共団体に帰属させるのが，持分のない医療法人の特徴です。

【持分のない医療法人の定款例】
第●条　社員は，本社団の資産の分与を請求することができない。
　2　前項の規定は，社員がその資格を失った後も同様とする。
第●条　本社団が解散した場合の残余財産は，合併及び破産手続開始の
　　決定による解散の場合を除き，次の者から選定して帰属させるものと
　　する。
　(1)　国
　(2)　地方公共団体
　(3)　医療法第31条に定める公的医療機関の開設者
　(4)　都道府県医師会又は郡市区医師会（一般社団法人又は一般財団法
　　　人に限る。）
　(5)　財団医療法人又は社団医療法人であって持分の定めのないもの

　持分のない医療法人の中に，基金の定めを設けている医療法人があります。

　基金とは，社団医療法人に拠出された財産であって，当該医療法人と当該拠出者との間の合意の定めるところに従い返還義務を負うものです。

　基金は，医療法人の貸借対照表中，純資産の部に計上されていますが，基金は債務であり資本ではありませんので，取引相場のない株式に準じた評価は行わず，一般的には券面額で相続財産に計上します。

【基金制度を設けている医療法人の貸借対照表の例】

純資産の部	
科　目	金　額
Ⅰ　基　　　　　金 Ⅱ　積　立　金 　　1　設立等積立金 　　2　代　替　基　金 　　3　特定目的積立金 　　4　繰越利益積立金　　　相続財産に反映されません	
純資産合計	

2－2　医療法人の持分の相続税評価

　医療法人の持分は，取引相場のない株式に準じて評価しますが，次のような特徴があります（財基通194-2）。

(1) 少数出資者グループに該当する相続人であっても，特例評価（配当還元評価）の適用がありません。

　　これは，医療法人は配当が行えないためと説明されています。

(2) 類似業種比準価額計算上の業種目は，113その他の産業を採用し，109医療，福祉は採用しません。

(3) 会社規模の判定は，小売・サービス業の区分を採用します（（別表）日本標準産業分類の分類項目と類似業種比準価額計算上の業種目との対比表（https://www.nta.go.jp/law/joho-zeikaishaku/hyoka/170673/pdf/05.pdf））。

(4) 医療法人は，配当を行えないので，類似業種比準価額の算定にあたり，「1株（50円）当たりの年配当金額」を考慮せず，比準割合の算式の分母は2となります。

(5) 医療法人の出資者は，少数出資者であっても払戻しによる換価が行え，払戻単価は中心的な出資者と差異はないという考え方から，

純資産価額計算上，納税者の同族関係者の議決権数が50％以下で
あっても80％計算はありません。

(6)　１株当たりの利益金額と純資産価額のいずれかが０であり，かつ，
直前々期末において，それぞれの金額のいずれか１以上が０である
場合に，比準要素１の法人に該当します。

(7)　一般的に医療法人に，口数の定めがありませんので，直前期末の
出資金額を50円で除して得た数を口数とします。

> **チェックポイント！**

■　類似業種目を，109医療，福祉を採用していませんか。
　⇒　医療法人の評価にあたり，業種目は113その他の産業を採用しま
　　す。
■　相続人は社員に就任していますか。
　⇒　社員に相続が発生した場合には，死亡を原因とした退社となり，
　　払戻請求権が生じるのが原則です。取引相場のない株式に準じて評
　　価するには，相続人は遅滞なく社員に就任する必要があります。

2―3　医療法人の持分の放棄

持分のある医療法人の出資者は，定款変更手続を行うことにより，持
分のない医療法人に移行することができます。

持分のある医療法人が定款変更により，持分のない医療法人となった
場合には，特定医療法人の承認を受ける場合や持分のない医療法人への
移行計画を厚生労働大臣から認定を受けた場合を除き，ほとんどの場合
は医療法人を個人とみなして贈与税が課されます。

> **チェックポイント！**

■　持分のある医療法人が特定医療法人の認可を受けた場合，持分に相
　続税が課されなくなるのは，国税庁長官による特定医療法人の承認日

だと誤解していませんか。

⇒　医療法人の持分に相続税が課されなくなるのは，持分の定めのない特定医療法人の要件に合致する，都道府県知事による定款変更の認可日です。

2－4　持分のない医療法人への移行計画認定

　経過措置医療法人といわれる持分の定めのある社団医療法人は，「当分の間」持分のあるものとして継続することが認められています。また，前述のとおり持分の放棄を受けた場合には医療法人は贈与税課税を受けます。

　ただし，持分のある医療法人から持分のない医療法人への移行計画に厚生労働省が認定を与え，移行に伴う納税猶予および課税免除を受けることができます。これが認定医療法人制度です。

　移行計画の認定を受けるには，運営の適正性を求められ，以下のような要件が課せられます。

＜認定要件＞（平成18年改正法附則10の3④一，二，三）

認定要件	①	社員総会の議決があること
	②	移行計画が有効かつ適正であること
	③	移行計画期間が5年以内であること
	④	法人の運営が適正であること

＜運営に関する要件＞（同項四および改正後医療法施行規則附則57の2）

運営方法	①	法人関係者に対し，特別の利益を与えないこと
	②	役員に対する報酬等が不当に高額にならないよう支給基準を定めていること
	③	株式会社等に対し，特別の利益を与えないこと
	④	遊休財産額は事業にかかる費用の額を超えないこと【決算数値】

事業状況	⑤ 法令に違反する事実，帳簿書類の隠蔽等の事実その他公益に反する事実がないこと
	⑥ 社会保険診療等（介護，助産，予防接種等を含む）に係る収入金額が全収入金額の80％を超えること【決算数値】
	⑦ 自費患者に対し請求する金額が，社会保険診療報酬と同一の基準によること
	⑧ 医業収入が医業費用の150％以内であること【決算数値】

出所：厚生労働省医政局医療経営支援課　持分の定めのない医療法人への移行計画認定制度の概要

　移行計画の認定を受け持分のない医療法人の定款変更認可を受けた場合には，持分のない医療法人に移行することになります。

　通常は，定款変更時点で医療法人が贈与税課税を受けますが，認定医療法人の場合は医療法人への贈与税課税は猶予されます。

　持分のない医療法人に移行した後は，1年ごとに厚生労働大臣に運営状況を6年間報告し，以降において問題がない場合は認定の効力が消滅し，認定医療法人としての報告義務や要件充足義務はなくなり猶予税額は免除されます。

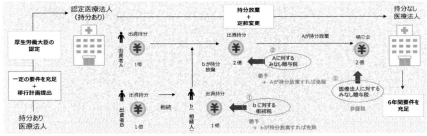

出所：厚生労働省医政局医療経営支援課　持分の定めのない医療法人への移行計画認定制度の概要

　しかし，移行計画に沿う持分のない医療法人への移行が行えなかった場合には，移行計画認定を取り消された日や認定期間終了の日などからから2ヵ月以内に，猶予税額に利子税を加算した額を納税しなければなりません（措法70の7の5⑫）。

44 医療法人の納税猶予

1 あらまし

経過措置型医療法人といわれる持分の定めのある社団医療法人は,「当分の間」持分のあるものとして継続することが平成19年改正医療法により認められています。

厚生労働省は,『出資持分のない医療法人への円滑な移行マニュアル』を作成するなど,持分のない医療法人への移行を推進してきたものの,持分のない医療法人への移行は一部の法人に限られました。

そこで平成25年10月から令和8年12月までに限り,持分のある医療法人から,持分のない医療法人への移行計画に厚生労働省がお墨付きを与え,移行に伴う納税の一部を猶予させるのが,認定医療法人制度です。

2 解説とチェックポイント

2−1 認定医療法人および出資者と納税猶予

納税猶予が適用できる課税関係は,他の者が出資放棄したことによるみなし贈与が生じる場合と,出資を有する者に相続が生じる場合です。

(1) 一部の出資者が出資を放棄した場合の贈与税の猶予 (措法70の7の5, 6)

持分を有する社員が退社し払戻請求を行わない場合や,持分を有する社員が死亡し,相続人が持分を相続承継しない場合,他の出資者の持分価値が上昇し,当該他の出資者に贈与税が課されます。

しかし,贈与税の申告期限までに移行計画の認定を受けた医療法人の出資者は,贈与税の納税を猶予され,認定移行計画に記載された移行期

限までに持分のすべてを放棄し，持分のない医療法人に移行した場合には，猶予税額が免除されます。

（2）持分を相続した相続人への相続税の納税猶予（措法70の7の7）

持分を有する社員が死亡により退社し，その持分を相続人が相続した場合は，その相続人に持分に対する相続税が課されますが，認定医療法人の場合は，移行計画の期間満了まで相続税の納税を猶予され，移行計画に基づき出資を換価することなく，持分のない医療法人に移行した場合には，猶予税額が免除されます。

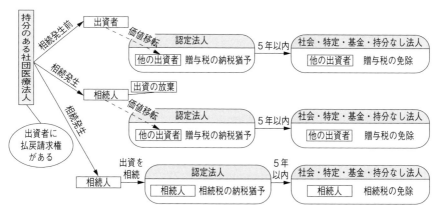

チェックポイント！

■ 株式会社の納税猶予制度のように，贈与も納税猶予が受けられると思っていませんか。
⇒ 医療法人の納税猶予制度は前述の3パターンであり，生前贈与や，過去の相続時精算課税贈与を選択した者に対する相続税には適用されません。

2－2　医療法人への贈与税課税

経過措置型医療法人が，持分のない医療法人に移行した場合，相続税が不当に減少すると認められるときは，持分の払戻しが免除された医療

法人は，個人とみなされ贈与税が課されます（相法66の４）。

　経過措置型医療法人から，特定医療法人に移行する場合や，特定医療法人並みに公益性の高い運営をしている医療法人には贈与税が課されませんが，この要件を確実に満たせる法人はまれでしょう。

　たとえば，次のような医療法人には贈与税が課されます。
- 役員のうち，親族の占める割合が３分の１を超える場合
- 無床診療所や介護老人保健施設などの施設しか開設していない場合
- 勤務実態にあわない役員報酬を，親族に支給している場合
- 入札等によらないで，医療法人と関連法人とが取引を行っている場合

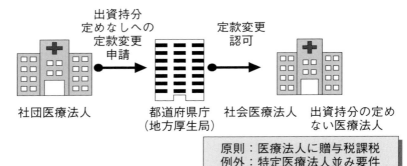

２―３　持分のない医療法人への移行計画認定

　経過措置医療法人は社員総会の決議を経て，持分のない医療法人に移行するための取組みの内容や検討体制，移行の期限などの計画を作成し，その計画内容が適当であると地方厚生局局長から認定を受けると，認定医療法人になります。

　持分のない医療法人への認定申請では，特定医療法人（措法67の２）や社会医療法人（医療法42の２）のほかに，基金制度を設けた医療法人や，特別な認定を受けない持分のない医療法人に移行する認定計画も受けられます。

　持分のない医療法人への移行は，社員総会の決議などにより医療法人

44 医療法人の納税猶予   227

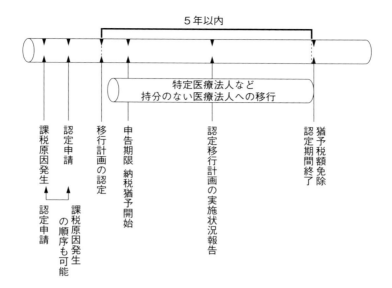

が実施すべきであり，持分を放棄した者などは移行計画実施や要件充足を強制させることができません。

たとえば，死亡退社に伴い払戻請求権を放棄した相続人は，社員でなくなったことから医療法人の重要な会議に参加することができなくなり医療法人の運営状況の適正性の確認が難しくなり，納税猶予の取消リスクを負うものの，いまさら持分の払戻請求ができなくなるなど対応策が取れない場合も考えられます。

2－4　移行計画の終了

持分のない医療法人への移行計画認定を受け，計画どおり持分のない医療法人に移行した場合には，移行計画の終了を厚生局長に報告するとともに，所轄税務署長に移行計画終了の届け出を提出すれば猶予税額は免除されます。しかし，移行計画に沿う持分のない医療法人への移行が行えなかった場合には，移行計画認定を取り消された日や認定期間終了の日などからから2ヵ月以内に，猶予税額に利子税を加算した額を納付しなければなりません（措法70の7の5⑫）。

45 同族会社オーナーに特有の項目

1 あらまし

　同族会社オーナーについては，非上場株式やその評価だけでなく，会社との取引に伴う財産や負債について，恣意的な取引が生じやすいことから，相続財産が比較的小規模であっても実地調査が行われやすい傾向があります。

2 解説とチェックポイント

2―1 同族会社オーナーの相続税調査の特徴

　同族会社オーナーの相続税については，相続財産の形成過程の調査が実施されます。同族会社との間の資金移転や，資産管理会社との取引，金銭の貸借，不動産賃貸の状況が調査の対象となります。簿外資産が存在する場合，個人に帰属するものはないかが問題になります。会社経営者の場合，個人事業者と比べ会社において帳簿書類が相当過去のものまで保管されていることも多いため，10年以上前の個人と法人との取引が相続税の問題となることもあります。近年は同族会社株式の無理な引下げ手法が否認される事例が報道されています。

> **チェックポイント！**
>
> ■ 被相続人と同族会社の貸借関係を確認しましたか。
> 　⇒ 特に，会社に被相続人への未払金や借入金，仮受金が計上されている場合，相続税で申告すべき財産を検討する必要があります。
> ■ 債務超過会社への貸付金が相続財産となった場合，検討することな

く回収不能としてゼロ評価していませんか。

　⇒　貸付金の評価は，回収可能性を考慮して評価しますが（評基通205），債務超過の会社であっても回収不能とするのは難しく，券面額で評価するのが実務です。

■　個人の敷地に法人が建物を建築している場合，借地権などの権利関係を検討しましたか。

　⇒　権利金の授受，地代の金額，無償返還の届出の有無について確認する必要があります。

■　同族会社の株式については，過去の株主間の移転が把握できていますか。

　⇒　オーナーから親族に移転している場合，名義株式と認定されるリスクがあるため，移転の事実を証明する贈与契約書や売買契約書などを保管するとともに，配当金の受取状況を明らかにしておく必要があります。

■　弔慰金名目でオーナーの遺族に金品が支払われている場合，その計算は適切に行われていますか。

　⇒　業務中の死亡については普通給与の3年分，それ以外の場合は普通給与の半年分という基準がありますので（相基通3-20），この枠に収まらない金額については退職金として課税の対象になります。

2―2　過去の役員報酬の支払状況を把握する

　過去の役員報酬の受取状況などから，相続財産の蓄積状況が推測できます。過去の役員報酬額と資産額の状況がバランスしていない場合，資産の形成に影響した資金収支を説明できるようにしておく必要があります。

チェックポイント！

■　オーナーの配偶者への役員報酬の支払状況を把握していますか。

　⇒　オーナーの配偶者が一度も役員に就任した実績がないにもかかわらず，配偶者名義の財産が多額にあるような場合は，オーナーに帰属する財産がないか検討する必要があります。

46 相続人の確定申告の注意点

1 あらまし

　相続または遺贈により財産は相続人等に一般承継されますが，被相続人の一身に専属するものは相続人等には引き継がれません。

　被相続人の事業を承継した相続人等や賃貸物件を相続または遺贈により取得した相続人等は，被相続人の帳簿価額を引き継ぐことになりますが，被相続人の一身に専属するもの，たとえば青色申告の承認の効果や減価償却の選択の効果は承継されませんので，相続人が自ら手続を行わなければなりません。消費税の選択届出も同様です。

2 解説とチェックポイント

2―1 所得税

（1）各種申請手続

① 青色申告承認申請

　　相続人が相続前から不動産所得，事業所得または山林所得（以下「事業所得等」といいます）を生ずべき業務を行っていた場合の被相続人の業務を承継した相続人の青色申告の承認申請は，その承認を受けようとする年の3月15日がその期限となります（所法144）。

　　事業所得等を生ずべき業務を行っていなかった場合には，業務を開始した場合に該当し，その年3月15日または相続開始日から2月以内のいずれか遅い日がその期限となりますが，その期限が12月31日後に到来する場合は翌年2月15日が期限になります。

　　なお，被相続人が青色申告者であった場合には，所得税の準確定

申告期限（相続開始日の翌日から4ヵ月を経過した日の前日）か12月31日（11月1日以後の相続開始の場合はその年の翌年2月15日）のいずれか早い日がその申請期限になります（所基通144-1）。

賃貸物件が遺産未分割状態になれば，相続人全員について，青色申告の承認申請提出が必要になる可能性があります。相談を受けたら，提出期限には十分注意しましょう。

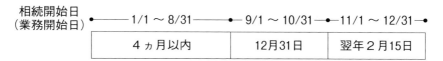

図表46-1　被相続人が青色申告者の場合の相続人における青色承認申請期限

② 減価償却の償却方法等

減価償却の償却方法や棚卸資産の評価方法などの届出の効果は，相続人に引き継がれませんので，相続人がその選定の届出をします。

(2) 所得計算

① 減価償却費の計算

被相続人から相続（限定承認を除きます）により取得した資産については，被相続人の取得価額および帳簿価額（取得費相当額）が引き継がれますが，償却方法は引き継がれません。そのため，建物など被相続人が定率法で償却していた資産を相続人は定額法で償却することがあります。この場合であっても，償却方法の変更には該当しません。

なお，相続により取得した資産が，相続人が定率法を選定している種類の資産であれば200％定率法で，建物であれば定額法で減価償却費を計算します。

② 不動産所得の収入の計上時期

　賃貸不動産の賃貸料収入の計上時期は，契約による支払日によるのが原則ですが，青色申告者が前受未収の経理をしている場合には，期間対応によることも認められます（所基通36-5，不動産等の賃貸料にかかる不動産所得の収入金額の計上時期について（昭和48年11月6日直所2-78））。被相続人が前受金経理を行っていた場合，相続人の申告で収益計上を行うことを失念しないようにしましょう。

③ 未分割期間の申告

　法定相続人が複数で，遺言により遺産の帰属指定が行われていない場合，相続が開始してから遺産分割協議成立の日の前日までの間は，その資産は相続人間の共有状態にあります（民法898）。そこで共有状態の期間の不動産の貸付けに係る収入および費用は，法定相続分で各相続人に帰属しますので，これに基づいて各相続人が確定申告をすることが原則です。

④ 譲渡所得の計算

　相続（限定承認に係るものを除きます）により取得した資産の取得時期と取得価額は相続人に引き継がれます（所法60①）。そこで，譲渡した資産の所得が長期と短期のいずれに該当するかは，被相続人の取得時期を基準に判定します。

　また，概算取得費5％特例を用いる場合でない限り，譲渡した資産の被相続人の取得時に課税の繰延べの適用を受けていないかどうかの確認も必要です。委任状による税務署での閲覧サービスの利用を怠らないようにしましょう。

　相続人が被相続人の居住の用に供されていた資産を譲渡した場合であっても，相続人の居住の用に供されていたものでなければ，居住用財産を譲渡した場合の特例（3,000万円控除，買換え，軽減税率）の適用はありません。別途，空き家譲渡特例を検討することになり

ます。要件の違いに注意する必要があります。

⑤ **相続により取得した資産に係る登録免許税等**

相続により取得した資産に係る登録免許税等については，その資産が非業務用資産である場合にはその資産の取得費に算入し，業務用資産である場合にはその業務に係る所得の金額の計算上必要経費に算入します（所基通37-5・38-9・49-3・60-2）。

⑥ **貸倒引当金の承継特例**

青色申告事業の承継が行われる場合，被相続人が貸倒引当金を設定していた場合，準確定申告で戻入を行わず，相続人の段階で戻入を行うことが可能です（所法52⑥・所令147）。

⑦ **相続税取得費加算特例要否の検討**

相続税申告期限の翌日から3年以内の相続人の譲渡所得については，取得費加算特例（措法39）の適用もれがないよう確認を行いましょう。なお，自社株の発行法人譲渡の場合，みなし配当を譲渡所得扱いする特例（措法9の7）の適用については，適用を受ける旨の届出を期限内に行う点も注意が必要です（措令5の2）。

（3）所得控除

① **医療費控除**

被相続人に係る未払いの医療費は，治療を受けたときに生計を一にしていた親族が支払った場合に限り，支払者の医療費控除の対象となります（所基通73-1）。

② **扶養控除等**

被相続人の準確定申告で，被相続人の扶養親族，控除対象配偶者または被相続人と生計を一にする配偶者とした者であっても，他の者の確定申告の際，その他の者の扶養親族，控除対象配偶者またはその者と生計を一にする配偶者として扶養控除，配偶者控除または配偶者特別控除を適用することができます（所基通83～84-1）。

また，被相続人の合計所得金額によっては，被相続人を対象に扶養控除，配偶者控除または配偶者特別控除を適用することができます。

> **チェックポイント！**

■　相続のあった年の減価償却費の月割計算を，被相続人と相続人であわせて12月になるように調整していませんか。
　⇒　被相続人と相続人それぞれ1月未満の端数は1月としますので，あわせると，通常13月になります。

■　被相続人と相続人の償却方法が違う場合，償却方法の変更の計算をしていませんか。
　⇒　償却方法の変更には該当しないので，引き継いだ取得価額および帳簿価額により定額法または定率法で減価償却費を計算します。

■　被相続人に係る医療費を支払者の医療費控除の対象としていませんか。
　⇒　治療を受けた時に生計を一にする親族が支払った場合にのみ控除できます。

■　夫（配偶者）が年の中途で死亡した場合，妻の確定申告において寡婦控除の適用を検討しましたか。
　⇒　寡婦控除（27万円）は，合計所得金額が500万円以下であれば再婚していない限り適用できます。

■　被相続人の青色事業専従者として給与の支払いを受けていた者をその者と生計を一にしていた相続人の控除対象配偶者や扶養親族としていませんか。
　⇒　青色事業専従者は，他の生計一親族の控除対象配偶者，扶養親族または生計を一にする配偶者には該当しません（所基通2-48）。

2—2　消費税

（1）納税義務の判定

被相続人の事業を承継した相続人（免税事業者）の納税義務については，次のように取り扱われます。

①　相続開始年

相続人の基準期間の課税売上高が1,000万円以下である場合にお

いて，被相続人の基準期間の課税売上高が1,000万円を超えている場合には，相続開始日から12月31日までの期間において相続人が行った課税資産の譲渡等については，消費税の納税義務があります。

② 相続開始年の翌年と翌々年

　　各年に係る相続人の基準期間の課税売上高と被相続人の基準期間の課税売上高との合計額が1,000万円を超える場合には，その各年については納税義務が免除されません。

図表46—2　相続人の小規模免税判定のための基準期間における課税売上高

	R 6	R 7	R 8	R 9	R 10
			死亡		
被相続人の課税売上高	A　500	B　400	C　300		
相続人の課税売上高	a　700	b　800	c　900		
小規模免税判定のための基準期間における課税売上高			A 500<1,000 かつ a 700<1,000 小規模 免税可	B 400＋ b 800＝ 1,200>1,000 小規模 免税不可	C 300＋ c 900＝ 1,200>1,000 小規模 免税不可

　なお，その年1月1日現在において事業承継者が決定していないなど分割が実行されていない場合のその課税期間の相続人の納税義務の判定は，被相続人の基準期間における課税売上高を法定相続分で按分して行います（消基通1-5-5）。

チェックポイント！

■　相続により免税事業者であった被相続人事業を承継した場合，納税義務の免除を受けないこととなった場合等の棚卸資産に係る消費税額の調整（消法36③）を行っていますか。

⇒　課税事業者である相続人（事業承継者）が，相続があった日の属

する課税期間において簡易課税制度の適用を受けている場合を除き，調整をすることができます（消法36③）。

■ 簡易課税の適用にあたり，被相続人の基準期間の課税売上高を含めて5,000万円以下かどうかの判定をしていませんか。

⇒ 簡易課税の適用の判定には，被相続人の基準期間の課税売上高は含めません（消法37①，消基通13-1-2）。

（2）インボイス発行事業者である個人に相続が生じた場合

消費税法においては，各種選択届出の効果は，相続人に承継されず，たとえば，簡易課税選択届などは相続人が提出しなければ選択することができません。しかし，インボイス発行事業者である個人に相続が生じた場合，例外的に，相続後原則4ヵ月間はみなし登録期間と扱われ，この期間分については，相続人が消費税の課税事業者としての申告納税が必要となります。

（3）届出書の提出期限

被相続人の簡易課税制度選択届出書の効力は相続人には及ばないので，相続人が簡易課税制度の適用を受けようとする場合には，相続人がその手続をする必要があります。

この場合において，事業を営んでいない相続人または相続が生じた年において免税事業者であった相続人が，簡易課税制度の適用を受けていた被相続人の事業を承継した場合は，相続のあった課税期間中に簡易課税制度選択届出書を提出することにより，その課税期間から簡易課税制度の適用を受けることができます（消法37②，消令56①，消基通13-1-3の2）。

チェックポイント！

■ 簡易課税制度の適用を受けていない被相続人の事業を承継した場合，相続があった課税期間から簡易課税の適用ができないと判断していませんか。

⇒　相続人が事業を営んでいなければ，その事業を承継したことが「課税資産の譲渡等に係る事業を開始」に該当するので，その課税期間から簡易課税制度の適用が可能です（消法37②，消令56①一）。

（未分割期間の申告について）

　本文中では，遺産共有期間における未分割財産から生じる所得については，法定相続分により各相続人が申告することになる旨説明しています。従来は，特定の相続人に寄せて申告する実務があったところ，最高裁平成17年9月8日判決平成16（受）1222預託金返還請求事件が出たことで，このような処理が原則として許されなくなりました。

　「相続開始から遺産分割までの間に共同相続に係る不動産から生ずる金銭債権たる賃料債権は，各共同相続人がその相続分に応じて分割単独債権として確定的に取得し，その帰属は，後にされた遺産分割の影響を受けない。」（上記判決要旨）

　実際に，国税局が税務署職員向けに配布している「誤りやすい事例」では，相続人の1人に寄せて申告していたら間違いである旨記載していますし，更正処分された事例もあるので，上記処理が原則であることは間違いありません。

　しかし，現在でも，納税者自身が各税務署で相談すると，特定の相続人に寄せて申告することを認めていることが少なくありません。税理士が相談を受けた場合，どう対応すべきかは実務上悩ましい問題です。安全策としては，税務署に事前に相談に行き，例外的処理として，相続人の1人に寄せての申告を行うことの了解を納税者に得ておいて貰うのが無難のようにも思われます。

47 最近の相続税の調査の傾向

1 制度のあらまし

　毎年度の相続税調査の状況については，国税庁から調査結果のとりまとめが出されています。直近では，令和5年12月に「令和4事務年度における相続税の調査等の状況（https://www.nta.go.jp/information/release/kokuzeicho/2023/sozoku_chosa/pdf/sozoku_chosa.pdf）が公表されています。

2 非違割合は約8割

　このレポートによれば，実地調査の件数は8,196件，このうち申告漏れ等の非違があった件数は7,036件で，非違割合は85.8％となっています。

　つまり，調査があれば，ほとんど何かが出てくる状況と言ってよいでしょう。もちろん，調査の結果，修正事項なく終わる調査もありますが，調査官もこの数字を意識していることは避けがたい事実です。

　そこで，相続税申告書では，あらかじめ申告書の補足説明資料を添付して提出する税理士が少なくありませんが，これは，審理段階で調査先に選定されることの実務的な重みを認識しているからでしょう。不要な資料や分かりにくい資料をつけることなど余剰な資料を添付することは，かえって調査の糸口を増やす側面もありますので，何かつけて出せばよいわけではありません。しかし，審理段階で申告内容を理解されやすくしておくことは，調査先選定段階で，念査が必要と判断するリスクを軽減する意味があることは意識しておくべきでしょう。

　なお，この観点からは，当局が用意している「相続税申告のための

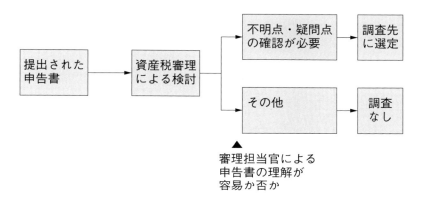

チェックシート」の利用・申告書添付は非常に有用かつ重要です。書面添付制度を利用しなくても，このチェックシートに補足的説明を記載して，重要事項の検討結果を伝えることができます。

また，令和2事務年度・令和3事務年度においては，新型コロナウイルス感染症の影響により実地調査件数が大幅に減少していました。この点は，令和4事務年度以後，徐々に増加して，従前の水準に戻ってくるものと思われます。

> チェックポイント！

- ■ 税務調査の選定は当たるも八卦当たらぬも八卦と考えていませんか。
  - ⇒ 反面調査などの明らかな証拠による場合以外であっても，申告書審理における不明点・疑問点を確認するための調査は当然に行われます。これは，相続税調査が，法人税・所得税などと異なり，いわばワンチャンスの調査であることから，このタイミングを逃すと是正する機会がないことを課税当局が認識しているからです。
- ■ 申告書提出時に，相続税申告のためのチェックシートを作成して添付しているか確かめましたか。
  - ⇒ 提出は法律上の要件ではありませんが，税理士自身のためにチェックシートによって問題点を網羅的に検討することが重要です。必要があれば，補足的説明事項を記載して，意を尽くすことが調査選定の可能性を減らすことにつながります。

■ 補足資料として必要のない資料を添付していないか確認しましたか。
⇒ 不要な資料の添付は，審理を惑わせることから，たとえ非違事項がない場合であっても，確認のために調査を行うべきとの判断につながりやすくなります。

3 申告もれ相続財産の金額の内訳

さらに，レポートで着目すべきは，申告もれ財産の内訳です。

申告もれ相続財産の金額の内訳は，現金・預貯金等815億円が最も多く，続いて土地336億円，有価証券309億円の順となっています。

周知のように，課税当局はいわゆる不表現資産を嫌います。そこで，現金・預金の申告もれが圧倒的になっていることが確認できます。同様の視点で，有価証券についても重点的に確認されます。現物そのものを隠しているケースは当然として，名義預金や名義株式の問題についても，近年調査が強化されつつあります。

なお，上記に出てこない「その他」の中には，近年取引が拡大している暗号資産が含まれている可能性が十分考えられます。暗号資産は，価格変動が激しいことから，相続財産に含まれていると相続人にとっては悪夢のような事態もあり得るでしょう。

チェックポイント！

■ 現金・預金の計上もれが多い事実と，調査の中心的課題として名義預金があることを十分に認識していますか。
⇒ 単に相続時の残高を確かめるだけではなく，預金取引全体の流れを7年程度押さえておくことが必要になります。特に，調査は申告書提出後1年から2年経過して来ることが多いため，ヒアリングを早めに行っておかないと，相続人の記憶に依存できなくなることも生じます。
■ ゆうちょ銀行の貯金はバレないという神話はすでに崩れていること

を伝えていますか。

⇒　未だに信じている納税者がいるようですので，要注意です。驚くべきことですが，数年前まで，地方の特定郵便局の局長は，申告しなくても分からないと納税者に伝えているケースがありました。30年近く前から，貯金事務センターで一括して親族関係の名寄せがされた上で税務署に資料が出されていることを，特定郵便局の局長は知らなかったわけです。税理士としては，寓話として，納税者に念のため伝えておくことが無難でしょう。

■　仮装隠蔽により後日発見された資産は配偶者の税額軽減が受けられないことを納税者に伝えていますか。

⇒　重加算税の対象とされた場合には，ほとんど税金で持って行かれるという，一番恐れている事態になりかねないことも強調すべき点でしょう。そして，特に申告書提出前に強調しておくべき事項として，仮装隠蔽により後日発見された資産については，配偶者の税額軽減が使えないことから，本税の税負担が非常に大きなものになります。

4　海外資産関連事案に係る調査

国外財産調書制度の導入に限らず，海外資産関連事案の調査は強化されつつあります。すでにスイス銀行ですら秘密保持ができなくなっている現況は認識すべきです。

チェックポイント！

■　海外資産の調査が強化されている点を納税者に伝えていますか。

⇒　国外送金等調書データなどの資料分析が行われ，通常調査の中で活用が図られています。また，海外財産の調査を怠った税理士の賠償責任についての裁判例も出ています（東京地裁平成24年1月30日判決）。無為では危険な時代となりました。

5　預貯金取引記録照会のデジタル化

　金融機関に対する預貯金取引記録の照会は，従来書面で行われ，回答を得るまで非常に時間を要していました。

　この照会業務が，デジタルベースで行われるようになり，郵送によるタイムラグや紙の仕分け作業の時間などが短縮され，早ければ照会の翌営業日には回答を受領できるようになった例まであるようです（「事例を知る　作業時間55％減を実現した「pipitLINQ」～国税庁への導入で加速する金融・行政の DX～」DATA INSIGHT NTT DATA 2022年 6月 3 日）。

チェックポイント！

■　東京国税局の場合，実地の相続税調査前に金融機関廻りを実施して，事前に取引記録内容等の確認を済ませてから実地の調査に臨むため，質問内容もそれを踏まえたものになると言われています。しかし，東京局以外では，必ずしも，事前の金融機関廻りを行わず，実地の調査の後に行うことを原則としている局もあることを理解していますか。

⇒　たとえば，広島局の場合，事前の金融機関廻りは行わないのが原則となっており，日程の都合などで金融機関廻りが先行される場合には，関与税理士に事前に連絡が入るのが通例となっているようです。以前の話ではありますが，関越局も広島局と同様と聞いたことがあります。

■　金融機関に取引記録の依頼を行うときに，通帳のない期間だけでは足りない場合があることを理解していますか。

⇒　通帳は長期間未記帳の場合，一定期間の取引を合計して記帳する，いわゆる合算記帳が行われることがあります。合算では詳細がわからない以上，この期間についても，照会の対象とすべきことになります。

6 課税庁の DX 化の推進

　週刊「T&Amaster2024.8.12」で，「東京局 R6事務年度，資産税調査の方向性　国外転出時課税の調査強化，Python 版 RIN の導入 etc.」との記事が掲載されています。

　この Python 版 RIN とは，相続税調査の選定支援目的で東京局内で活用されているツールです。過去の調査事績に基づく予測モデルにより判定したリスクスコア（A〜D）や総遺産価額などで条件設定し，被相続人および相続人に係る申告情報，局内保有情報，関係会社情報などを表示することが可能とされています。

　東京局では，従来，Tableau という BI（ビジネスインテリジェンス）ツールで RIN を構築していたのが，最近注目されているプログラム言語である Python により RIN を再構築し，Python 版 RIN を令和 6 事務年度から導入しているとのことです。

48 民法の相続制度の概要

1 あらまし

　民法の相続に関する規律は，「第5編　相続（882条〜1050条）」においてなされています。相続の効力，相続人，遺産分割協議，遺留分など相続に関して体系的に規律しています。100条以上の条文により規律しているわけですが，条文自体は簡潔でわかりやすいため，読み込んでみるのも理解を深めるポイントとなります。なお，超高齢化社会ともいわれる社会情勢の変化に対応するために，平成30年に相続に関する規律を大きく見直す民法等の改正が行われました。令和3年には相続登記の申請義務化を内容とする民法・不動産登記法等の改正や，相続等により取得した土地を国に引き取ってもらう制度である「相続土地国庫帰属制度」が創設されるなど相続に関連する法令・制度の改正が相次いでいます。

2 相続の効力

　相続の効力は，相続人が被相続人の財産に関する一切の権利義務を包括的に承継することであると定められています（民法896）。被相続人の動産，不動産，預金債権，売掛債権などの資産となるものはもちろん，借入金や連帯保証債務などの負債も相続されることになります。賃貸借契約における賃貸人のように，被相続人が契約関係の当事者としての地位を有していた場合，その契約当事者としての地位そのものも相続されます。これにより被相続人が賃貸借契約や法律の定めにより，相手方に負担していた義務等を相続人も履行する責任を負うことになります。

　資産だけでなく，負債や契約上の地位も承継されることになるわけで

すから，相続対策を行ううえでは，詳細に被相続人の財産関係を明らか
にしておく必要があります。特に連帯保証債務は，主債務者が債務不履
行に陥っていなければ債務として顕在化することが少ないため，見落と
されがちです。本人に確認するのはもちろんのこと，取引金融機関に照
会をかけるなどの措置も必要となってきます。

　例外として雇用契約や講演会での講師など，被相続人に自身により履
行されることが重視される権利義務については，相続されないとされて
います（民法896但書）。

　なお，被相続人を被保険者とする生命保険契約において，受取人とし
て定められた相続人が有する生命保険金請求権については，被相続人の
相続財産とはされておらず，受取人の固有財産であるとされています
（最判昭48年 6 月29日民集27巻 6 号737頁）。死亡退職金は，支給規程が
定められているか否かなどにより見解が分かれますが，判例は支給規程
の有無にかかわらず相続財産とならないとしているものがあります（最
判昭55年11月27日民集34巻 6 号815頁，最判昭和62年 3 月 3 日家月39巻
10号61頁）。

3　相続開始の原因

　相続は，被相続人の死亡によって開始します（民法882）。法律上被相
続人が死亡したものとして扱われるのは，被相続人が現実に生命を失っ
た場合のほか次のような場合があります。

（1）失踪宣告

　ある人が行方不明となってから 7 年間生死不明である場合や，戦地に
赴いた，あるいは沈没した船舶に乗船していたなど，危険な状態に遭遇
した人が，危険な状態が解消されてから 1 年間生死不明である場合には，
利害関係人の申立てにより家庭裁判所が「失踪宣告」をすることができ
るとされています（民法30）。失踪宣告をなされた人は，死亡したもの

とみなされ，相続が開始することになります（民法31）。

（2）認定死亡

遺体の確認をすることはできないが，災害等の状況により死亡したことが確実であるとみられる場合には，その調査をした官庁等が市町村長等に死亡の報告をしなければならないとされています（戸籍法89）。これを「認定死亡」といいます。この認定死亡があると，失踪宣告を待つまでもなく，相続手続を開始することが可能となります。

4　相続人

相続人は民法887条，889条に定められており，第１順位の相続人が被相続人の子またはその代襲者（被相続人の孫など），第２順位の相続人が被相続人の直系尊属（被相続人の親や祖父母），第３順位の相続人が被相続人の兄弟姉妹またはその代襲者とされています。先順位相続人が存在しない場合に，後順位の相続人が相続権を取得することになります。配偶者は常に相続人となり（民法890），第１順位から第３順位の相続人のうち，どの順位の相続人とともに相続するかにより，相続分が異なります。

5　平成30年民法等改正の概要

相続に関する規律を高齢化社会に適した形に変更すべく行われた平成30年の民法等の改正では，「民法及び家事事件手続法の一部を改正する法律」，「法務局における遺言書の保管等に関する法律」という２つの法律が成立しました。

「民法及び家事事件手続法の一部を改正する法律」では，夫名義の家に居住する妻が夫の死後も居住権を確保しやすいように，配偶者居住権という権利を創設したり，遺留分についての権利の行使の効果を金銭債権化するなど重要な改正が行われました。

「法務局における遺言書の保管等に関する法律」では，自筆証書遺言を法務局において保管する制度が創設されました。これまで自筆証書遺言は自宅等で保管されることが多く，紛失や盗難のリスクがありました。また必要とされている日付や押印が抜けているなど形式不備で無効になることもありました。この制度では自筆証書遺言が法務局で保管され，保管の申請時に遺言書の形式面をチェックしてもらえるため，これらのリスクを低減できます。

6　令和3年民法等改正と相続土地国庫帰属制度の概要

令和3年には所有者不明土地問題に対応するため法改正が行われ，「民法等の一部を改正する法律」と「相続等により取得した土地所有権の国庫への帰属に関する法律」が成立しました。

「民法等の一部を改正する法律」では，所有者が不明となっている不動産について管理人を選任できる制度が創設されたほか，不動産登記法も改正され令和6年4月1日から相続登記の申請が義務化されました。

「相続等により取得した土地所有権の国庫への帰属に関する法律」では，相続等により取得した土地を国に引き取ってもらう制度である「相続土地国庫帰属制度」が創設されました。国に引き取ってもらうためには一定の審査や手数料の納付が必要になります。

チェックポイント！

■　被相続人の財産となるべきものの見極めがついていますか。
⇒　被相続人の一身に専属するものであるか否かの判定が難しいものは，法律専門家を交えて検討することも必要です。また，資産だけでなく，負債も含めて財産を把握しておきましょう。
■　死亡保険金や死亡退職金を民法上の相続財産と考えて，遺産分割協議書に入れていませんか。
⇒　相続税法ではみなし相続財産となる死亡保険金や死亡退職金は，

民法上は相続財産にならないのが基本です。当事者間で揉めていなければあえて書く場合もありますが，本来は相続財産ではないので注意しておきましょう。

■ 相続に関連する法改正，制度改正を把握していますか。

⇒ 相続に関連する法改正が相次いでいます。顧客をしっかりサポートするために知識をブラッシュアップしましょう。

Column12 芸能ニュースで学ぶ事業承継税制（？）

　まさか芸能ニュースで事業承継税制が登場するとは思いませんでした。大手芸能事務所の後継者が活用した「事業承継税制」。死去した先代オーナーの性加害問題が令和4年ごろに表面化，それによる会社の存続困難を巡り，納税猶予の打ち切りを避けるために後継者は代表取締役に留まる必要があったという報道が行われ，それが批判されることにもなりました。

　事業承継税制を利用すると5年間の代表者就任と相続した全株の保有が必要です。納税猶予打ち切りのリスクは業績悪化による廃業だけでないことを改めて認識されました。お家騒動による内紛や会社が不祥事を起こすなどのトラブルで事業継続が困難になったり後継者が辞任せざるを得ないことは珍しくありません。ビジネスモデルの劣化という外部環境よりも，不祥事や内紛など内部環境にこそ打ち切りリスクがあるのかもしれません。

　事業承継税制は最後まで走りきって初めて納税猶予を受けられるものです。手前の段階でパラダイスが見えていてもそれは蜃気楼かもしれないという注意喚起は，今後も必要になりそうです。

（白井一馬）

48 民法の相続制度の概要　　249

Column13　相続登記の申請義務化

　令和 6 年 4 月 1 日より相続登記の義務化が始まりました。令和 6 年 4 月 1 日より前に相続した不動産も，相続登記されていないものは義務化の対象です。正当な理由がないのに相続登記をしない場合，10万円以下の過料が科される可能性があります。実際にどのような場面で過料が科されるかは実務の運用を待つことになるでしょう。

　法務省 HP の「相続登記の申請義務化に関する Q&A」にフローチャートがあるので確認することをお勧めします。令和 6 年 4 月 1 日より前に発生した相続開始の場合と，令和 6 年 4 月 1 日以降に相続開始の場合に分けて，さらに，遺言の有無，分割協議がまとまっているか否か，争いがあるかで対応が分かれることになります。

　相続登記の申請義務化に関する Q&A（フローチャート）
　https://www.moj.go.jp/content/001404761.pdf

　これによると，4 月 1 日より前の相続の場合，遺産分割協議がまとまっているなら令和 9 年 3 月31日までに相続登記が必要となります。分割協議がまとまっていない，または争いがある場合ですと，令和 9 年 3 月31日までに相続人申告登記だけはやらないといけません。これは相続登記の義務を履行する簡易な方法ですが公示効果がなく単なる申出となるようです。

　また，遺言で不動産取得がある場合，遺言の内容に基づく所有権移転登記が必要となり，このリミットがやはり令和 9 年 3 月31日となっています。

（白井一馬）

49 相続分と相続権

1 指定相続分と法定相続分

　被相続人は遺言により，相続人の相続分を定めまたは第三者に定めることを委託することができます（民法902）。これを「指定相続分」といいます。指定相続分がない場合，民法900条の定めにより相続分が定まることになります。これを「法定相続分」といいます。

　法定相続分は，相続人の組み合わせにより異なり，具体的には次のようになります（民法900）。

① 子と配偶者が相続人の場合

　　子：2分の1　配偶者：2分の1

② 直系尊属と配偶者が相続人の場合

　　直系尊属：3分の1　配偶者：3分の2

③ 兄弟姉妹と配偶者が相続人の場合

　　兄弟姉妹：4分の1　配偶者：4分の3

　同順位の相続人が複数存在する場合には，同順位の相続人間における相続分は均等となるのが原則です（民法900四）。例外として，兄弟姉妹が相続人になるケースにおいて，父母の一方のみが同じである兄弟姉妹は，父母の双方が同じである兄弟姉妹の相続分の半分であるとされています（民法900四但書）。子が複数ある場合には，実子であるか養子であるかを問わず，均等に相続分が認められます。

49 相続分と相続権　251

2　特別受益と寄与分

　被相続人の生前に被相続人から贈与を受けた者や，反対に被相続人の財産の維持増加に貢献した者があるとき，共同相続人間の平等を図るための制度があります。それが「特別受益」と「寄与分」です。

（1）特別受益

　特別受益とは，相続人のなかに被相続人から遺贈を受け，結納金などの結婚の費用，教育費用などの贈与を受けていた者がいた場合に，相続人間の公平を図るためそれらの遺贈，贈与を特別受益として，相続分の計算上，相続財産へ持戻しを行う制度です（民法903，904）。具体的には，被相続人が相続開始時に保有している財産に，特別受益を加えたものを相続財産とみなし，それに対して各相続人の相続分を乗じて計算して，各相続人の取り分を算出します。特別受益を受けた相続人は，当該相続分から特別受益とされた財産の価額を控除した残額を受け取ることになります。

　なお，平成30年に行われた民法の改正により，配偶者を保護する趣旨で特別受益について「持戻し免除の推定規定」が設けられました。これは，①婚姻期間が20年以上である夫婦の一方配偶者が，他方配偶者に対し，②居住用のために利用する建物またはその敷地の全部または一部を目的とする贈与や遺贈をした場合には，当該贈与や遺贈については，被相続人が特別受益としての持戻しを免除する意思表示をしたと推定するものです（民法903④）。改正前から被相続人は，特別受益にあたる遺贈や贈与について，持戻し免除する意思表示をすることができると規定されていましたが，知っている人も少なくあまり活用されませんでした。そこで長年連れ添った夫婦を念頭に，居住用の不動産等の遺贈や贈与については持戻し免除の意思表示があったものとして推定して，残された配偶者に対して配慮を行っています。

（2）寄与分

　寄与分とは，相続人のなかに被相続人の事業を手伝う，被相続人の療養看護を行うなどの行為により，被相続人の財産の維持増加に貢献した者がいる場合に，相続人間の協議により，寄与分を定めその相続人を優遇する制度です（民法904の2）。具体的には，相続財産から寄与分を控除したものを相続財産とみなし，各相続人の相続分の割合によって算定した各相続人の相続分に寄与分を加えたものが，寄与分が認められた相続人の相続分となります。なお，平成30年の民法等の改正により，寄与分によく似た制度として，「特別の寄与」という制度が創設されました。これは，被相続人に対し無償で療養看護その他の労務の提供をしたことにより被相続人の財産の維持または増加について特別の寄与をした被相続人の親族（相続人は除きます）は，被相続人の死後に，相続人に対して，「特別寄与料」の支払いを請求することができるという制度です（民法1050）。これは義父の面倒をみてきた長男のお嫁さんのように，これまで相続人でないために貢献が報われにくかった方を保護する趣旨で設けられた制度です。

3　遺留分

　遺留分とは，相続人が相続財産に対して有する最低限保証された権利です。仮に遺言書で「全財産を，相続人である甲に相続させる」とした場合でも，他の相続人から遺留分の主張がなされた場合には，遺留分を主張した相続人の遺留分相当額については，財産を与えなくてはいけません。

　遺留分は，兄弟姉妹以外の相続人に認められます。遺留分の額は誰が相続人となるかにより異なり，直系尊属のみが相続人であるときは相続財産の3分の1，それ以外の場合には2分の1です。相続人全体としての遺留分を総体的遺留分といい，各相続人が具体的にもつ遺留分を個別

的遺留分といいます。個別的遺留分は，総体的遺留分に各相続人の法定相続分を乗じて計算します。

【例：配偶者と子1人がいる場合の総体的遺留分と個別的遺留分】
　　総体的遺留分：相続財産の2分の1
　　個別的遺留分：配偶者4分の1（1/2（総体的遺留分）×1/2（法定相続分））
　　　　　　　　　子4分の1（1/2（総体的遺留分）×1/2（法定相続分））

　なお，平成30年に行われた民法等の改正により遺留分についても改正が行われました。改正前は，遺留分が請求されると物権的効力が生じるとされ（遺留分減殺請求），請求の結果として遺贈の対象とされた財産が，遺贈を受けた人と遺留分を主張した相続人の共有となることがありました。もし，遺贈の対象の財産が自社株など会社経営に関わる財産である場合には，経営に支障をきたすなどのリスクがありました。そこで平成30年の民法等の改正では，遺留分を請求した場合の効力を金銭債権化し（改正後においては，「遺留分減殺請求」は「遺留分侵害額請求」と改められました），遺留分自体は権利として残すものの，あくまで金銭を請求できる権利であるとしました。この改正は，事業承継を検討している企業にとっては重要な改正です。後継者に自社株をすべて遺贈するという遺言書を書いておけば，後継者としては自社株を確保することができます。遺留分を請求されたとしても，金銭を請求されているに過ぎないため，自社株が共有になってしまうという事態を避けることができます。企業の事業承継に関わることが多い税理士としても知っておきたい改正です。

> **チェックポイント！**

- ■ 各相続人の相続分を把握していますか。
  - ⇒ 相続関係を図表にし，正確に把握しましょう。なお，司法書士に依頼して，法定相続情報一覧図の作成・交付を行ってもらえば，相続手続でも使えて一石二鳥です。
- ■ 相続税法の基礎控除額の計算における相続人は，民法上の法定相続人が基本ですが，一部修正があることを理解していますか。
  - ⇒ 養子人数の制限と相続放棄をなかったものとする取扱いが，民法と異なります。ただし，まずは民法上の法定相続人と法定相続分を正しく判断することが必須です。
- ■ 認知能力の問題が出る前に遺言書の作成を関与先に勧めていますか。
  - ⇒ 高齢になり過ぎると遺言書は効力に疑義が生じやすくなります。なお，遺言書は，検認の問題等もあるので，できるだけ公正証書遺言を勧めましょう。
- ■ 遺留分侵害額請求権により金銭債権の支払を行うべき場合に，金銭の支払に代えて相続人の固有財産あるいは相続により取得した財産を引渡しすると，引渡者に譲渡所得課税が生じる場合があることを認識していますか。
  - ⇒ 従前は，相続人の固有財産を渡した場合だけの注意事項でしたが，平成30年の民法改正後は，相続により取得した財産を渡した場合にも該当することになっています（所基通33-1の6（遺留分侵害額の請求に基づく金銭の支払に代えて行う資産の移転）参照）。

49 相続分と相続権　255

> **Column14**　夫婦間の資金移動がみなし贈与と認定

　夫婦間の資金移動について，みなし贈与を認定した珍しい事例があります
（令和3年7月12日裁決）。

　夫の預金を妻名義の口座に振り込み，妻が株式や投資信託の売買を行い，所
得税の申告も妻名義で行っていました。税務署はこれをみなし贈与（相法9）
であるとして贈与税の決定処分及び無申告加算税の賦課決定を行いました。審
判所は「夫婦間においては，一方が他方の財産を，その包括的同意又はその意
向を忖度して管理及び運用することはさほど不自然なものとはいえない」「請
求人自ら私的な用途で費消した事実は認められないことから，請求人が専ら家
族の生計維持のために夫の財産を管理・運用していたと解するのが相当であ
る」として原処分の全部を取り消しました。

　この件は相続税の税務調査において露呈したのですが，贈与税の課税処分が
行われました。まず考えられるのは名義預金として相続税の対象になるだろう
というのが実務家の発想でしょう。

　なぜ，相続税法9条によるみなし贈与と認定したのでしょうか。夫の資金を
妻が管理することはどこの家庭でもあり得ることです。資金を妻名義で株式投
資などに運用した以上は贈与だとの考え方でしょうか。この点，預金や金融商
品を名義財産として処理しても配偶者の税額軽減により納税ゼロとなる計算
だったようです。しかし，だからといって，みなし贈与の認定は無理があると
思います。原処分が全部取り消しになっていることは妥当と考えます。

（白井一馬）

50 遺産分割

1 遺産分割とは

相続人が複数存在する場合，相続財産は相続人間の共有となります（民法898）。

遺産分割は，この共有状態を解消し，個々の相続財産の帰属先を決定する行為です。

遺産分割方法には，不動産は長男に，現金は次男に，というように財産をそのままの形で具体的に分割する現物分割という方法，相続財産を売却し，金銭に代えて分割する換価分割という方法，ある相続人が相続財産を取得する代わりに他の相続人などに金銭を支払うなどの義務を負担する代償分割という方法，相続財産を共有とする分割方法などがあります。これらの分割方法を組み合わせて分割することもあります。税理士が相続対策をするうえでは，どうしても事業用資産は後継者に相続させなければならないなどの事情もありますから，そうした制約のなかで遺産分割協議を考えることになります。

2 遺産分割の効力

遺産分割の効力は，相続開始時に遡って効力が発生するものとされています（民法909）。これを遡及効といいます。これにより，遺産分割により相続した財産については，相続人は被相続人から直接相続したということになります。

遡及効の存在は，第三者との間で問題を生じさせる場合があります。遺産分割協議は遡及効がありますが，実際には相続開始から遺産分割協

議成立までには，時間的間隔があることが通常であり，その間は相続人間の共有状態に相続財産はおかれます。この共有状態の間に相続人の1人が相続財産を売却してしまった場合，その相続財産を取得した第三者と遺産分割協議の遡及効との問題が発生します。

民法909条では，遺産分割協議の遡及効は，第三者の権利を害することができないと定められているため，原則としては第三者が優先することになります。ただし，第三者は取得した財産につき対抗要件を取得しておくことが必要であるとされています。いずれにしても税理士としては，相続開始から遺産分割協議まで時間的な間隔を開けてしまうことは，その分リスクが高まることを認識しておく必要があるでしょう。

3　遺産分割の無効

遺産分割協議は，表面上遺産分割協議書に署名押印をさせても，無効となる場合があります。主に問題となるのは次の2つのケースです。

（1）相続人に認知症の人がいる場合

相続人のなかに認知症の人がいる場合，認知症の程度によっては無効となる場合があります。高齢化が進む中で，相続人自体も高齢者というケースは増えています。こうした場合には，認知症を患った相続人について，成年後見人を選任しなければなりません。手続は煩雑で，協議内容も硬直的になるなどの弊害もありますが，この点を押さえなければ遺産分割協議自体が無効となりえます。

（2）相続人の一部を欠いて協議をした場合

相続人の一部を欠いて成立させた遺産分割協議も無効となります。それを防止するためには戸籍をしっかりと確認し，相続人となるものが全員参加しているかをきっちりと確認する必要があります。相続人が他に存在することを知っていたかなどの主観的事情は関係がありません。

チェックポイント！

■　遺産分割の方法をしっかり押さえていますか。
　⇒　複数の分割方法を組み合わせることで柔軟な協議も可能となります。

■　遺産分割協議を先延ばしにしていませんか。
　⇒　第三者との関係で，事態が複雑になる場合があります。

■　相続人の意思能力や相続人にもれがないかチェックしていますか。
　⇒　遺産分割の無効につながりますから，しっかり押さえましょう。

■　相続人の数が多い場合など，法律専門家の手を借りたほうがよい場合があることを認識していますか。
　⇒　集約のため相続分の譲渡などを使うことも，弁護士・司法書士だと経験していることがあります。税理士の手に余ると思えば，手を借りることを躊躇すべきではありません。

50　遺産分割　259

Column15　死亡前に賃料の授受がなくても事業用宅地なのか

　同族会社が利用する不動産がオーナーの個人名義になっている場合，その敷地は特定同族会社事業用宅地として，小規模宅地特例の8割減の対象になります。あくまで事業用宅地から派生した制度なので無償だと減額はできません。

　使用貸借で同族会社に土地を貸していたオーナーが，小規模宅地特例が適用できるようにするため，税理士のアドバイスを受けて同族会社との間で賃貸借契約を締結しましたが，運悪く第1回目の支払の前に相続が開始してしまった事例があります。

　相続税を担当した税理士は特定同族会社事業用宅地の減額を行わずに申告したところ，後になって相続人は，適用できたはずだとして損害賠償請求しました。令和2年6月11日の横浜地裁判決では，地代の実際の支払いを要求する条文はないとして，税理士に2,120万円の損害賠償責任を認めました。

　しかし，令和4年7月7日の東京高裁判決では，地代の授受が相続前に行われていることが必要と解釈するのが自然だとして税理士の逆転勝訴となりました（平成9年11月19日裁決）。民事事件で裁判所が課税要件を判断するという珍しい事例です。

　この事例から読み取れる教訓として，当初申告要件がある小規模宅地特例において保守的な判断をすることは，後に納税者から責任を問われるリスクがあるということです。税理士が勝手に保守的な判断をするのではなく，適用するしないにかかわらず，判断の根拠をリスクとともに納税者に説明しておくべきでしょう。

（白井一馬）

> **Column16** 法定相続情報一覧図の誤りはやむを得ない理由に該当しない？

交付された法定相続情報一覧図が，登記官の誤判断による誤りがあったことに基因して無申告だった相続人に加算税が課されました。どのような判断ミスがあったのでしょうか。なお，裁決では加算税は取り消されています（税務通信3728号）。

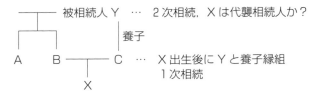

民法887条2項但書きでは，被相続人の直系卑属でない人については代襲相続権を認めていません。登記官はこの点を勘違いしたようです。XがCを通じて直系卑属でなければ代襲相続人にならないと考えてしまったのです。Xは実子Bを通じて直系卑属なので，そのような検討をするまでもなく代襲相続人となるのが正しい判断です。

① 養子縁組の前に生まれた養子の子は直系卑属ではないので代襲相続人とはならない。
② 養子縁組の後に生まれた養子の子は養子を通じて直系卑属なので代襲相続人になる。

この事例は，正しい内容での保管等の申出があったにもかかわらず登記官が補正させたものです。こうして作成された法定相続情報一覧図によってXは財産を取得せず相続税を申告しませんでした。その後，期限後申告を行いましたが無申告加算税の賦課決定処分が行われてしまいました。

経緯を踏まえると，なぜ無申告加算税を課したのか不思議です。令和4年6月16日裁決ではこの加算税は取り消されました。Xが無申告だったことには正当な理由（国通66①但書）があったと認められました。

法務局で自筆証書遺言の保管に携わる人は，残念ながら民法上の判断に詳しくないこともままあるようです。しかし，受理されてしまえばプロが作ったのと変わらず法務局の証明書類として通用してしまいます。

当初の税務署判断は，このあたりの実務をよく知らなかったのではないでしょうか。なお，納税者が自分で法定相続情報一覧図を作成していることもありますが，できるだけ司法書士のチェックを受けることが望ましいでしょう。

（白井一馬）

50 遺産分割　261

> **Column17**　債権放棄が相続時精算課税の対象に取り込まれた事例

　父親が会社への債権を免除したことによって子が持つ株式の価値が上昇したとして贈与税を課税した裁決があります（令和 4 年 3 月16日裁決）。

　相続時精算課税制度を利用して父から子に同族会社株式を贈与，その 2 年後に父が同族会社への債権を放棄したという流れです。そしてその 5 年後に父親に相続が開始しました。

　相続税の税務調査において債権放棄が問題になりました。債権放棄によって子の株式評価額が上昇したことが父から子への利益移転であるとして，相続税法 9 条による贈与税課税の対象になりました。「債権放棄による株式の評価額の増加は相続税法第 9 条の規定の適用がある財産の増加というべきであって，更正処分は，株式の単なる評価額の増加を対象としたものではない」との審判所の判断です。

　面白いのは，無申告で申告期限後 6 年が経過したことで贈与税そのものはすでに時効になっていることです。贈与税は時効でも，相続税の計算においては，相続時精算課税の加算から逃げられません。受贈財産は正しい評価額によって遺産に加算する必要があります。暦年贈与を選んでいれば贈与税の時効で終わりだったわけですが，相続時精算課税を選択したことで，納税から逃げられなくなってしまっているわけです。

（白井一馬）

《著者紹介》

白井 一馬（しらい かずま）

税理士

　　昭和47年大阪府藤井寺市生まれ

　　平成15年6月　税理士登録

　　石川公認会計士事務所（現・税理士法人STM総研），税理士法人ゆびすいを経て，平成22年2月白井税理士事務所開設

岡野 訓（おかの さとる）

税理士

　　昭和44年熊本県天草市生まれ

　　平成13年11月　税理士登録

　　隈部会計事務所を経て，平成14年6月岡野会計事務所開設，平成20年11月税理士法人熊和パートナーズ設立，平成27年10月税理士法人さくら優和パートナーズへと商号変更し，代表社員に就任

佐々木 克典（ささき かつのり）

税理士・行政書士

　　昭和44年埼玉県さいたま市生まれ

　　平成5年11月　税理士登録

　　太田昭和監査法人（現・EY新日本有限責任監査法人）などを経て，平成13年1月税理士佐々木克典事務所を開設

北詰 健太郎（きたづめ けんたろう）

司法書士

　　昭和59年岐阜県岐阜市生まれ

　　平成21年　司法書士登録（大阪司法書士会）

　　司法書士法人F&Partners　代表社員

村木 慎吾（むらき　しんご）

税理士
　　昭和55年大阪府八尾市生まれ
　　平成17年5月　税理士登録
　　税理士法人ゆびすい，税理士法人トーマツ（現・デロイトトーマツ税理士法人）
　　を経て，平成21年9月村木税理士事務所開設

内藤 忠大（ないとう　ただひろ）

税理士
　　昭和45年静岡県湖西市生まれ
　　平成13年10月　税理士登録
　　大原簿記専門学校，神野博史会計事務所を経て，平成16年9月内藤忠大税理士
　　事務所開設

濱田 康宏（はまだ　やすひろ）

公認会計士・税理士
　　昭和41年広島県福山市生まれ
　　平成5年公認会計士登録，平成6年税理士登録
　　太田昭和監査法人（現・EY新日本有限責任監査法人）を経て，平成6年7月
　　濱田康宏公認会計士事務所開設，平成19年1月濱田会計事務所所長

■申告書で確認する税務調査対策
相続税のテッパン50

2014年9月30日	第1版第1刷発行
2015年12月30日	第1版第2刷発行
2025年1月15日	改訂改題第1刷発行
2025年4月30日	改訂改題第2刷発行

著　者　白　井　一　馬　訓　典
　　　　岡　野　克　太　郎　吾
　　　　佐々木　健　慎　大
　　　　北　村　詰　忠　宏
　　　　村　内　藤　康　継
　　　　濱　田

発行者　山　本

発行所　㈱中央経済社

発売元　㈱中央経済グループ
　　　　パブリッシング

〒101-0051　東京都千代田区神田神保町1-35
電　話　03 (3293) 3371 (編集代表)
　　　　03 (3293) 3381 (営業代表)
https://www.chuokeizai.co.jp
印刷／昭和情報プロセス㈱
製本／侑井上製本所

©2025
Printed in Japan

＊頁の「欠落」や「順序違い」などがありましたらお取り替えいたしま
すので発売元までご送付ください。（送料小社負担）

ISBN978-4-502-52441-7　C3034

JCOPY〈出版者著作権管理機構委託出版物〉本書を無断で複写複製（コピー）す
ることは，著作権法上の例外を除き，禁じられています。本書をコピーされる場合
は事前に出版者著作権管理機構（JCOPY）の許諾を受けてください。
JCOPY〈https://www.jcopy.or.jp　eメール：info@jcopy.or.jp〉